APERÇU
DES RÉVOLUTIONS

SURVENUES

DANS LE GOUVERNEMENT
D'ESPAGNE,

DEPUIS LE PREMIER MOMENT DE L'INSURRECTION, EN 1808, JUSQU'A LA DISSOLUTION DES CORTÈS ORDINAIRES, EN 1814;

TRADUIT SUR L'ORIGINAL, ÉCRIT PAR UN ESPAGNOL A PARIS.

Exploranda est veritas semper priùsquam
Stultè prava judicet sententia.
PHÆD.

PARIS,
CHEZ CORRÉARD, LIBRAIRE, PALAIS ROYAL, GALERIE DE BOIS.

—

1820.

(C.)

PRÉFACE.

DU TRADUCTEUR.

Il a paru, depuis six ans, une multitude de mémoires sur la révolution d'Espagne. Ces mémoires nous ont révélé les intrigues diplomatiques qui avaient précédé et préparé la révolution d'Aranjuez ; ils ont raconté et cette révolution, et les négociations de Bayonne, et les campagnes des Français et des Anglais dans la Péninsule, et la résistance opiniâtre que les Espagnols ont opposée à l'invasion de leur pays ; ils ont parlé de tout, si ce n'est peut-être de ce qu'il importait le plus de faire connaître, c'est-à-dire de la révolution qui s'est opérée dans le régime intérieur de l'Espagne, de 1808 à 1814 ; des réformes que la nation a faites dans ses lois, des institutions qu'elle s'est données, de l'aptitude à la liberté qu'elle a montrée, de sa conduite et de sa capacité politiques. Le précis qu'on va lire est destiné à réparer cette omission. Il a été écrit dans le dessein de donner à l'Europe une idée de l'Espagne libérale ; c'est une réponse explicative à ceux qui ne peuvent comprendre la révolution qui vient de s'opérer dans cette contrée : nous croyons que cette réponse fera cesser leur étonnement.

Le tableau qu'on va lire, ouvrage d'un homme instruit et judicieux, est écrit d'un style ferme et animé qui ajoute encore au mérite des pensées et à l'intérêt du sujet. Quoique les qualités de l'original n'aient été reproduites que très-imparfaitement dans la traduction, nous ne doutons pas qu'à la faveur de la matière cette traduction ne soit lue et accueillie du public.

APERÇU
DES RÉVOLUTIONS

SURVENUES

DANS LE GOUVERNEMENT

D'ESPAGNE,

DE 1808 A 1814.

Il y a loin de l'Espagne de 1820 à l'Espagne de 1808 : ainsi s'expriment quelques personnes, à la contemplation du mouvement général et presque simultané par lequel la nation espagnole vient de revendiquer la liberté qu'on lui avait ravie. Ce grand mouvement a excité un étonnement presque universel. Il a étourdi les étrangers qui ne jugent et ne peuvent juger en général l'état d'une nation opprimée et rendue muette, que par les œuvres de leur gouvernement, et dans le même temps, ce qui est plus remarquable, il a paru à beaucoup d'Espagnols presque aussi singulier et aussi prodigieux qu'aux nations étrangères. Cependant, ceux qui prétendent l'expliquer, en disant que l'Espagne de 1820 n'est pas l'Espagne de 1808, montrent assez qu'ils n'ont pas plus d'idée de l'Espagne de 1808, qu'ils n'en avaient de l'Espagne de 1820 avant la révolution qui est venue les surprendre.

Bonaparte, et cela est moins étonnant, ne connaissait pas mieux ce pays. De là, sa téméraire expédition et les maux incroyables qui en ont été la suite. A l'époque où il conçut le dessein d'envahir la Péninsule, le sentiment de la liberté y échauffait toutes les ames, les idées libérales y germaient dans tous les esprits cultivés, et ils étaient nombreux. Ces élémens, comprimés par un gouvernement despotique, n'attendaient que l'occasion pour éclater. Il suffisait, pour les mettre en action, qu'un imprudent, séduit par les apparences de superstition et de gothicisme qui leur servaient comme d'enveloppe, vînt se lancer étourdiment sur la terre trompeuse où ils fermentaient. Cet imprudent parut et l'explosion se fit à l'instant même. Non, ce n'est point l'ignorance, ce n'est point la superstition qui ont résisté à Bonaparte; ce furent le sentiment de l'indépendance, celui de la dignité et de l'honneur profondément blessés; ce fut, surtout, le sentiment de la liberté; car comment croire que ce sentiment fût sans énergie là où dominaient les trois autres, là où l'on entreprenait de s'affranchir et de se régénérer sans autre appui que soi-même, sans aller implorer des hommes et des secours étrangers.

Pour parler avec connaissance de l'Espagne de 1808, il faudrait savoir ce qu'elle a fait depuis le premier moment de l'insurrection, quels moyens elle a mis en œuvre, quel esprit l'a dirigée, quels obstacles elle a rencontrés, quelles difficultés elle a vaincues. Six années d'une guerre d'extermination n'ont pu ni abattre son courage, ni distraire son esprit du projet de fonder et d'affermir sa liberté. Ce n'est pas Cadix; ce n'est pas une poignée de factieux ou de fanatiques qui font au despotisme une guerre obstinée, et posent en même temps avec sagesse les bases de la prospérité nationale. Ce mouvement, à la fois énergique et calme, est un mouvement universel; c'est, dès le premier moment, toute la nation qui se lève et qui déclare son vœu; ce sont ses cortès, ce sont ses vrais et légitimes représentans qui terminent son ouvrage et qui fixent pour jamais ses destinées. Cette vérité que l'ignorance, plus encore que la méchanceté, aurait pu contester il y a quatre mois, est dès ce moment devenue incontestable.

Le fracas des armes, le superbe dédain des conquérans pour les efforts que faisait la liberté, l'intérêt que Bonaparte et les siens avaient à défigurer les événemens de la Péninsule, tout s'est opposé, durant la guerre, à ce qu'on acquît des notions exactes sur son état. La paix, qui devait amener l'époque de son bonheur et de sa gloire, ne l'a montrée à l'Europe que sous le joug d'un prince égaré, qui châtiait de ses propres mains le peuple qui avait sauvé sa couronne. Les monumens de la liberté, prix de tant de sacrifices, ont été abattus; tous les signes de nos hauts faits, saisis et livrés aux flammes; ceux qui osaient les recueillir et les conserver, exposés à de dures persécutions; tous les citoyens, enfin, réduits au silence ou condamnés à n'entendre que le langage de l'adulation et de l'infamie. Pour comble d'infortune, l'Espagne a vu une partie de ses enfans, consentir, pour rentrer en grâce, à passer du côté des

1.

ennemis; et des espagnols qui se disaient éclairés, ont parlé d'elle comme en parlait Bonaparte, et travesti comme lui ses héroïques efforts.

Est-il bien étonnant, après tout cela, que les peuples étrangers eussent conçu une idée peu avantageuse de cette nation, qui leur paraît aujourd'hui si admirable. S'ils l'avaient mieux connue, s'ils avaient été plus instruits de ce qui s'était passé chez elle pendant le cours de sa première insurrection, ils l'auraient sans doute plus estimée; ils ne lui auraient pas fait l'affront de la comparer à la Turquie; et les événemens qui viennent de se passer, sans affaiblir leur admiration, leur auraient sans doute inspiré moins de surprise.

Nous prenons la plume pour faire connaître ces faits qu'ont défigurés jusqu'à ce jour l'ignorance, l'envie, un dépit mal dissimulé. Nous n'avons pas la prétention d'écrire une histoire qui soit à la hauteur de tels événemens, et digne de la nation qui a su exécuter de si grandes choses; nous voulons seulement exposer en peu de mots, et d'une manière impartiale les faits les plus mémorables de cette époque de notre histoire; nous voulons prouver que l'Espagne appartient toujours à l'Europe, et qu'en dépit de l'inquisition et de trois siècles de despotisme, elle conservait encore, au moment de l'invasion, l'esprit de liberté et d'indépendance qui avait acquis autrefois, chez toutes les nations, tant de célébrité à ses lois et à ses franchises (*fueros*).

Nous n'avons point le dessein de parler ici des événemens militaires qui, au milieu de revers inévitables, ont illustré la nation pendant le cours de la lutte. Ces événemens sont mieux connus en Europe, soit que l'intérêt qu'on avait, dans les premiers momens, à les dénaturer se soit ensuite graduellement affaibli, soit que la bravoure et la franchise naturelles aux militaires n'aient pas permis aux soldats de l'invasion de dissimuler ou de rabaisser le mérite de l'ennemi qu'ils avaient combattu. Nous ne parlerons pas davantage des transactions de Bayonne, assez connues par les écrits des personnes qui y ont pris part. Nous ne voulons appeler l'attention que sur ce que l'on connaît le moins, et qu'il était cependant le plus nécessaire de connaître pour pouvoir juger l'Espagne; savoir, la révolution qui s'est opérée durant la guerre dans son régime intérieur, révolution qui, après quelques momens d'une anarchie inévitable, a successivement parcouru toutes ses phases, jusqu'au moment où la nation assemblée en cortès a pu achever l'œuvre de sa régénération, objet des vœux de toute l'Espagne.

Envahis par une nombreuse armée étrangère, déjà maîtresse de leurs places fortes et en possession de leur capitale, seuls, sans chef, sans aucun prince de la famille de leur chef, sans autre gouvernement qu'une faible junte, tout-à-fait incapable de résister aux volontés impétueuses de Murat, et de combattre les forces qu'il commandait, les peuples d'Espagne se levèrent spontanément en 1808, pour défendre leur indépendance et chasser les étrangers de leurs terres. En un moment l'insurrection éclate dans toutes les provinces, et, comme si une seule intelligence présidait à ce vaste mouvement, il se forme partout en même temps des juntes pour le diriger. Telle est la grande et généreuse résolution qu'inspire à la nation espagnole l'indignation de se voir trahie par un fourbe qui s'était annoncé comme son ami, et qui, sous le prétexte de la régénérer et la rendre heureuse, venait insolemment lui dicter des lois et détruire son indépendance, principes de vie, premier moyen de conservation de tous les états.

Ce grand mouvement, opéré simultanément mais isolément, et sans qu'aucun accord antérieur l'eût déterminé, rompit naturellement le lien qui unissait les provinces à un centre commun, au gouvernement de la junte de Madrid, gouvernement sans force et sans vertu. Les juntes de provinces, n'ayant aucune autorité les unes sur les autres, ni aucun motif déterminé de se soumettre à celle qui aurait voulu leur donner des ordres, se trouvèrent, comme les provinces elles-mêmes, dans un véritable état d'indépendance, et sans autre lien pour les unir que le sentiment national et le besoin commun de la défense, qui donnaient l'impulsion à tout.

C'est ainsi qu'en un instant, sans y songer, par le seul effet de l'indignation universelle, l'ancienne monarchie espagnole se trouva transformée en un système fédéral, système imparfait mais réel. Nées des circonstances, les juntes, comme il était naturel au milieu de l'effervescence générale, se formèrent partout par acclamation. Leur popularité n'en fut que plus grande. Les peuples, empressés de reconnaître leur gouvernement, et de se soumettre à leur direction, légitimèrent par leur libre obéissance une autorité dont la formation pouvait n'avoir pas été très-régulière.

Dès que ces corps, où figuraient les hommes les plus distingués et les plus dévoués de chaque province, eurent été investis du suprême pouvoir, ils s'empressèrent, après avoir d'abord juré fidélité et obéissance au roi Ferdinand, d'établir entre eux des relations, de réunir des troupes, de déclarer la guerre, de préparer tous les moyens de défense et de salut. Baylen, Sarragosse, Valence, Rio-Seco furent les théâtres où ils firent d'abord, avec plus ou moins de gloire et de succès, le premier essai de leur héroïsme. L'ennemi, investi de toutes parts, jugea prudent d'abandonner la capitale, et de se replier sur l'Ebre. Alors les juntes, voulant donner plus d'efficacité à leurs efforts et les soumettre à une direction commune; désirant d'ailleurs avec toute la nation accélérer le plus possible la réunion des cortès, que l'on considérait comme l'autorité la plus capable de faire face à d'aussi grandes calamités, s'occupèrent de suite de rétablir le centre d'action qui avait d'abord disparu au milieu de l'insurrection générale, et convinrent de former une junte suprême, qui serait composée de députés de chacune d'elles, et qui serait chargée tout à la fois de diriger les affaires générales, et de préparer la convocation des cortès.

On peut juger par le sacrifice qu'elles firent toutes spontanément de leur autorité à l'intérêt public, de la pureté d'intention avec laquelle les citoyens dont elles étaient formées s'étaient engagés dans la terrible lutte que soutenait l'Espagne. Cette abdication de leur pouvoir, où brille le désintéressement de la nation, ne fait pas moins d'honneur à son bon sens. Grâce à ces qualités précieuses, l'Espagne n'a jamais manqué d'une autorité centrale, d'un lien d'union capable de la maintenir en corps de nation au milieu du déchirement et de la dispersion de presque tous ses membres.

Au mois de septembre 1808, la junte centrale, composée de trente-six députés des juntes particulières, se réunit à Aranjuez. Son établissement éprouva d'abord quelque résistance de la part du conseil de Castille, corps de magistrats qui, à l'exemple des parlemens de France, avait, sans trop savoir pourquoi, la ridicule prétention de représenter le peuple espagnol. Mais l'opinion universelle se déclara contre ce corps, qui n'avait absolument rien fait pour la cause nationale, qui s'était même soumis aux volontés de l'usurpateur; et la junte, dès le premier moment de son installation, se vit reconnue non-seulement de toutes les provinces de la Péninsule, mais encore de toutes celles de l'Amérique et de l'Asie.

Cependant Bonaparte avait renforcé son armée. Il fit une seconde fois irruption en Espagne, et s'empara de nouveau de Madrid. La junte alors transféra le siége de sa résidence à Séville; elle continua d'exercer ses fonctions jusqu'au mois de février 1810.

Comme la convocation des cortès était sa principale tâche, elle s'en occupa avec un soin particulier. Pour procéder avec plus de sûreté dans une opération de cette importance, elle prit conseil des juntes de province, des tribunaux supérieurs, des universités, des prélats, des chapitres ecclésiastiques, des municipalités et de quelques autres corporations. Les avis, quant au fonds, furent à-peu-près uniformes : les cortès et une constitution étaient le cri presque universel; les cortès avec un mode de représentation plus naturel et plus convenable que ne l'était l'ancien; une constitution qui délivrât pour jamais l'Espagne du régime arbitraire, et qui donnât à la liberté civile des Espagnols et à tous leurs autres droits des garanties assez sûres pour les préserver de retomber sous le fatal régime qui les avait conduits au bord du précipice. Tels étaient les vœux, tels étaient les sentimens de la nation espagnole en 1808. La diversité des coutumes locales, le besoin de donner plus d'uniformité à la représentation du pays, le désir d'y appeler les députés de l'Amérique, les vicissitudes de la guerre, l'attention spéciale qu'une guerre pareille réclamait, durent nécessairement mettre beaucoup de lenteur dans la préparation de ces grandes mesures. Elles ne purent recevoir leur exécution qu'au mois de janvier 1810. Les cortès furent convoqués alors pour le mois de mars suivant. En conséquence l'on expédia une instruction pour les élections, instruction dont l'effet était de donner à l'Espagne beaucoup plus de part dans les affaires publiques qu'elle n'en eut jamais eu, et à l'Amérique des droits sur lesquels elle n'avait jamais compté.

La crainte ralliait déjà tous les ennemis des réformes. Plus la junte centrale avançait dans son grand travail pour l'établissement d'une représentation, plus ils se déchaînaient contre elle. L'ambition, sous le masque du patriotisme, affectait de craindre que le gouvernement ne dégénérât en démocratie; elle insistait pour l'établissement d'une régence, et s'efforçait par tous les moyens de prévenir ou de retarder la réunion des cortès. La déplorable bataille d'Ocagna et l'invasion de l'Andalousie ne servirent que trop ses projets. Forcée d'abandonner Séville pour préserver d'une entière dissolution le gouvernement de la monarchie, la junte centrale se transporta, vers la fin de janvier, dans l'île de Léon; et là, pour donner aux opérations du gouvernement toute l'activité que réclamaient les circonstances, elle résigna son pouvoir dans les mains d'un conseil de cinq membres, qui, sous le nom de régence, fut bientôt reconnu de toute la nation. Ce gouvernement eut l'adhésion de l'Amérique elle-même, à l'exception de deux provinces, Venezuela et Buenos-Ayres, qui, sans rompre avec la métropole, s'abstinrent d'envoyer des députés aux cortès, et se créèrent des juntes particulières, pour les gouverner jusqu'au retour de Ferdinand.

Il n'avait pas été possible, au milieu de ces événemens, d'assembler les cortès pour le premier mars, comme il avait été décrété. La nouvelle régence, malgré l'obligation spéciale que lui en avait faite la junte, en recevant son serment, ne se pressa pas de les réunir; elle différa, au contraire, autant qu'il lui fut possible; mais l'opinion se déclara avec une telle puissance, qu'elle se vit forcée de mettre un terme à ses délais, et au mois de juin 1810 elle les convoqua définitivement pour le mois de septembre d'ensuite.

Ce décret reçut son exécution. Le 24 septembre,

les cortès généraux et extraordinaires d'Espagne furent solennellement inaugurés dans l'île de Léon et sous les batteries de l'ennemi. Il serait difficile de peindre l'enthousiasme dont le peuple et l'armée furent universellement saisis à ce spectacle ; des larmes de joie mouillaient tous les yeux ; on eût dit qu'un secret pressentiment révélait aux Espagnols que cette assemblée fonderait pour jamais leur liberté et leur indépendance.

C'est là ce congrès national que quelques personnes ont dédaigneusement qualifié de *cortès de Cadix*, appellation exacte sans doute, appellation fort usitée en Espagne, où l'on dit également les cortès de Valladolid, les cortès de Burgos, etc., mais à laquelle on a prétendu donner un sens qu'il est aisé d'apprécier, quand on considère de quelle manière on a parlé de l'assemblée à qui on en faisait l'application. Aussi, avant de faire connaître les décrets et les divers travaux de cette assemblée, croyons-nous devoir nous arrêter quelques instans à examiner sa formation et la légitimité de ses pouvoirs ; car ce sont là les points sur lesquels ont le plus divagué l'ignorance et la mauvaise foi de ses ennemis.

Les cortès généraux d'Espagne et des Indes, installés dans l'île de Léon au mois de septembre 1810, et transférés dans la ville de Cadix au mois de février de l'année suivante, étaient composés, 1º de députés des provinces, nommés par tous les citoyens, conformément au mode d'élection établi par la junte suprême, et de députés d'Amérique, élus par toutes les municipalités; 2º de députés des juntes supérieures de province ; 3º de députés des villes et cités ayant droit de suffrage aux cortès ; 4° enfin, de députés suppléans pour les pays à qui la présence de l'ennemi, ou leur extrême éloignement, comme cela devait être pour quelques provinces d'Amérique, n'avaient pas permis d'envoyer leurs représentans.

La justice, le bon sens du siècle, le vœu hautement manifesté des Espagnols, tout commandait d'établir une représentation nationale plus réelle, plus étendue que toutes celles qu'avait pu posséder autrefois l'Espagne. Il ne s'agissait point de ressusciter les anciens états d'Aragon, de Navarre ou de Castille ; il s'agissait de donner une représentation à l'Espagne et à l'Amérique. Et d'ailleurs, quand on aurait admis que toute la sagesse et la félicité humaines étaient ensevelies dans la poudre des archives ; quand on aurait admis qu'il valait mieux rechercher ce qu'on avait fait jadis que ce qu'il convenait maintenant de faire ; qu'il était plus sage d'écouter les conseils de l'érudition que ceux d'une philosophie éclairée et prudente, eût-il été possible, nous le demandons, de concilier entre elles tant de lois et de coutumes diverses, pleines de contradictions et de bizarreries ? Qu'on nous permette à cet égard une courte digression.

Les nouveaux royaumes qui avaient été successivement fondés en Espagne, après la destruction de la première dynastie des Goths, et à mesure qu'on avait reconquis le territoire occupé par les Maures, avaient tous adopté des usages différens ; et leurs institutions, quoique fondées en général sur le système représentatif, étaient loin cependant d'être uniformes. Elles variaient, au contraire, dans des points essentiels. Elles variaient non-seulement d'un lieu à un autre, mais d'une époque à une autre époque. Quelles différences n'offraient pas entre elles les constitutions d'Aragon et de Castille, les deux principaux royaumes d'Espagne ? Quelles différences ne remarquait-on pas entre celles-ci et celles de la Navarre, de la Biscaye et de quelques autres villes ou districts ? Les cortès, en Aragon, étaient divisés en quatre ordres ou états ; en Castille, au contraire, ils n'avaient presque jamais offert de distinctions d'ordres, ou n'avaient été séparés qu'en trois états. Exista-t-il jamais en Castille quelque chose de semblable ou seulement d'analogue à la magistrature du *Justicia* d'Aragon ? y posséda-t-on jamais un privilége comparable à celui de l'*Union ;* privilége suivant lequel les villes avaient le droit de se fédérer contre le roi lorsqu'il attentait aux libertés et franchises du royaume ; privilége que nous nommerions aujourd'hui *droit d'insurrection* (1) ? Quelles altérations ne subirent pas les institutions de ce pays, lorsque le roi don Pedro IV, qu'on appela pour ce fait *don Pedro du poignard*, eut aboli ce grand privilége (2) ? Qu'avaient de commun les cortès qui se tenaient dans le même royaume antérieurement au quatorzième siècle et ceux qu'on y convoqua plus tard ? Le clergé ne figurait point dans les anciens, tandis que dans les nouveaux il formait un

---

(1) *Oh magnum vinculum ad libertatis fondamentum !* s'écrie Jérôme de Blancas, en parlant de ce privilége.

(2) *Voyez* ci-dessus Blancas dans ses commentaires, et le relations d'Antoine Parel.

ordre séparé. Enfin, quels traits de ressemblance est-il possible de saisir entre les constitutions d'Aragon des 16e et 17e siècles, et celles qu'avait eues précédemment ce pays, et que Philippe II avait achevé de détruire lorsqu'il avait fait périr le *justicia* du royaume, l'illustre et malheureux Jean de Lanuza? Passant maintenant à la Castille, quel rapport trouvons-nous entre la première assemblée des cortès tenue à Coyanca, en 1020, et celles qui furent tenues postérieurement à Valladolid, à Burgos et dans d'autres villes? Qu'ont de commun celles-ci avec celle que Charles-Quint convoqua à Tolède en 1539, et depuis laquelle la noblesse et le clergé cessèrent de paraître aux cortès de Castille? En quoi, finalement, les cortès convoqués depuis ce temps, et auxquels on n'a plus admis qu'un très-petit nombre de députés des villes, ressemblent-ils à ceux des 14e et 15e siècles, à la formation desquels concouraient un grand nombre de bourgs et de villes, qui cessèrent plus tard d'y envoyer des députés?

Or, si telle était la diversité des constitutions d'Espagne; si les circonstances, ou l'on ne sait quels caprices, avaient eu une si grande influence sur leur formation; si, depuis que tout le territoire avait été réuni sous la domination d'un seul homme, ses tristes habitans avaient subi le joug du despotisme, et si, par conséquent, on n'avait pu adopter, à aucune époque, une base générale de représentation, qu'y avait-il de mieux à faire, nous le demandons, que d'adopter un nouveau mode, en harmonie avec les intérêts nationaux et les nécessités du siècle?

On ne crut pas devoir convoquer séparément le

clergé et la noblesse. On considéra que ces deux ordres de citoyens ne pouvaient pas avoir d'intérêts, au moins d'*intérêts légitimes*, différens de ceux du reste de la nation, et que, par conséquent, il n'y avait aucun motif pour leur accorder une représentation spéciale (1).

Les provinces, les juntes, les villes purent être représentées par des personnes de toute classe et de tous états, si ce n'était pourtant par des moines, que l'on considéra comme gens devenus étrangers aux intérêts du siècle. Quiconque sait ce qu'étaient autrefois nos cortès, où la nation n'avait pour tous représentans que quelques fondés de pouvoir des municipalités des villes et bourgs, dont les régidors n'étaient point à la nomination du peuple, mais avaient obtenu leurs charges à prix d'argent, ou la tenaient, à perpétuité, de la grâce du roi; quiconque,

---

(1) On n'entend point ici faire la critique de l'établissement des chambres hautes que l'on voit dans d'autres pays. Cette institution convenable dans certains cas, et peu convenable dans d'autres, ne nous paraît en elle-même, ni vicieuse, ni contraire aux vrais principes de l'organisation sociale. Elle ne pourrait être mauvaise que par la destination qu'elle aurait reçue, ou les élémens dont on l'aurait formée. Du reste, ce n'est point de cet établissement qu'il s'agit. Nous ne parlons ici que de la représentation du clergé et de la noblesse considérés comme ordres de citoyens; nous disons que, comme tels, ils ne doivent point avoir de représentation à part, mais que leur représentation doit se confondre avec celle du commun peuple. En Castille, le clergé et la noblesse, alors même qu'ils étaient convoqués comme des ordres séparés (*estamentes*), ne formaient ordinairement qu'une seule chambre avec le tiers état.

dis-je, est instruit de ces faits, conviendra qu'à aucune époque l'Espagne n'avait été représentée d'une manière aussi complète, aussi naturelle, aussi appropriée à ses intérêts qu'elle le fut aux *cortès de Cadix*.

Le gouvernement se serait borné à convoquer les députés des provinces et des juntes qui ne subissaient pas le joug étranger, que, dans ce cas même, vu l'union de sentimens qui régnait entre toutes les parties du royaume, l'intérêt national eût été mieux représenté, par la manifestation sincère de la volonté de quelques villes demeurées libres, qu'il ne l'avait été jadis par une soi-disant représentation, où il ne figurait que quelques procureurs fondés des villes et bourgs ayant droit de suffrage aux cortès, procureurs au choix desquels le peuple ne concourait en aucune manière. Mais le gouvernement, qui avait à cœur de faire représenter directement toutes les provinces et de ne point tomber dans les absurdités de l'ancien système, tacha de suppléer, autant qu'il le pouvait, à l'absence des députés véritables des villes qu'occupait l'ennemi; et comme il ne leur était pas possible de faire elles-mêmes leurs élections, il y fit procéder à leur place et pourvut ainsi à leur impuissance, bien persuadé, comme il en acquit plus tard la preuve, qu'elles lui sauraient gré de ce soin. Telle fut l'origine de la création des députés à qui l'on donna le nom de *suppléans*, députés qui furent élus à la majorité des voix et dans toutes les formes légales par les habitans des provinces envahies qui se trouvaient à Cadix, et ils y étaient en grand nombre. Ces députés, sans doute, ne représentaient pas aussi rigoureusement qu'on l'eût universellement désiré, ceux de leurs compatriotes à qui l'occupation ennemie ne permettait pas d'exercer leurs droits politiques ; mais ils les représentaient aussi bien que le permettaient les circonstances, et beaucoup mieux, à coup sûr, que les procureurs fondés des villes n'en représentaient les habitans dans les anciens Cortès. Du reste, les choix opérés par ce moyen furent tellement conformes au vœu des provinces, qu'elles les confirmèrent presque tous, à mesure qu'elles recouvrèrent la faculté de donner leurs suffrages ; et le nombre des *députés suppléans*, qui n'avait jamais été bien considérable, diminua ainsi graduellement, et finit par se réduire à presque rien.

Il paraît assez superflu, après tout ce que nous venons de dire, de parler de la légitimité des *Cortès de Cadix*, et nous ne nous arrêterions point sur ce sujet, si quelques étrangers mal informés et un petit nombre d'Espagnols aussi peu instruits, n'avaient cherché, par des assertions aussi fausses que ridicules, à égarer l'opinion sur ce point capital.

En général, pour juger de la légitimité d'un gouvernement, il suffit d'une chose ; c'est de savoir si la nation à laquelle il commande, l'a reconnu librement, de son plein gré, sans y avoir été contrainte par l'emploi d'aucune espèce de force. Je dis sans y avoir été nullement forcée ; car où la force est intervenue, le consentement le plus explicite et les sermens les plus solennels ne peuvent rendre témoignage que d'une chose, de l'effroi de ceux qui ont consenti et juré. S'agit-il d'apprécier la légitimité d'une assemblée nationale? Une chose est à faire: il faut examiner par qui elle a été élue; il faut savoir si elle l'a été réellement par la majorité de la nation, ou du moins si elle l'a été par la partie de ses membres qui ont l'intérêt le plus direct à sa conservation et à sa prospérité.

Ces deux conditions ont été pleinement remplies dans la formation des derniers Cortès d'Espagne. Cette assemblée a été reconnue de toutes les provinces de la Péninsule et de toutes celles de l'Asie et de l'Amérique, moins Buenos-Ayres et Venezuela; elle a été reconnue librement et sans qu'on ait fait aucune espèce de violence aux habitans pour les porter à cette démarche. Bien loin d'être contraints, ils auraient pu, s'ils avaient voulu contester son autorité, trouver, dans l'agitation de l'Amérique et dans l'occupation d'une grande partie de l'Espagne par les troupes étrangères, les moyens de faire éclater impunément leur opposition. Au lieu de cela, on a vu les contrées occupées, saisir avec empressement toutes les occasions qui s'offraient à elles de lui faire connaître leur adhésion et de lui adresser des témoignages de leur admiration et de leur reconnaissance. Les procès-verbaux de ses séances et les actes du gouvernement d'alors contiennent des preuves nombreuses et irrécusables de cette vérité. Si quelques districts, soumis au joug de l'étranger, n'avaient pu nommer d'abord leurs députés, ils se hâtaient, aussitôt qu'ils devenaient libres et sans attendre les ordres du gouvernement, de procéder à leur élection. Il nous importe de consigner dans l'histoire contemporaine ces faits qui, en achevant de prouver la légitimité des Cortès de l'Espagne, honorent le caractère de ses peuples et sont faits pour en donner l'idée la plus élevée. Qu'on nous cite, si l'on peut, des gouvernemens qui aient à produire plus de preuves que nos Cortès, de la libre adhésion des citoyens à leur institution; et dont, par conséquent, la légitimité soit plus incontestable.

Si nous recherchons maintenant de quel nombre d'individus se composaient les colléges qui en ont élu les membres, nous trouvons que ces colléges, formés en Espagne de tous les citoyens et en Amérique de tous les corps municipaux, présentaient une masse d'électeurs, telle que jamais, non seulement en Espagne, mais chez la plupart des autres nations, on n'avait vu un aussi grand nombre de personnes concourir par leur suffrage à la formation d'un corps représentatif.

Dès les premiers mois de leur réunion, les Cortès présentèrent une majorité notable, formée de députés directement élus par les provinces à qui ils servaient de représentans; et lorsque cette assemblée eut à procéder à l'un des actes les plus solennels pour lesquels on l'eût convoquée, savoir l'examen et l'adoption de la constitution, il n'y avait presque point de provinces de l'Espagne ni des Indes, qui n'y fussent représentées par des députés de leur propre choix. On y voyait assis à côté des représentans du Pérou, les délégués de l'Estramadure; et les envoyés des Philippines y siégeaient à côté des députés Catalans : spectacle imposant et singulier, dans lequel une nation dont le territoire embrasse deux hémisphères, se trouvait fictivement rassemblée dans une étroite enceinte où figuraient des hommes venus des extrémités opposées de la terre. On pouvait, au simple aspect des visages, y distinguer l'Européen de l'Américain, l'Américain de l'Asiatique; et c'était, à coup sûr, la première fois que des hommes nés à d'aussi grandes distances et descendant de races si diverses, se trouvaient pourtant ne former qu'un corps homogène d'individus parlant la même langue, ayant les mêmes usages et appartenant à la même nation.

Si donc le peuple Espagnol, abandonné à lui même, non seulement avait eu le droit, mais s'était vu dans la nécessité de pourvoir à sa conservation et de défendre son indépendance; si, rétabli, par l'effet naturel de cet état de délaissement, dans la pleine possession de ses primitifs et imprescriptibles droits, il s'était donné un gouvernement qu'avaient reconnu les Espagnols des deux mondes; si toutes les mesures de ce gouvernement avaient obtenu l'assentiment universel; si ces mesures avaient été consacrées par l'obéissance de toutes les provinces de la monarchie Espagnole; si celles même de ces provinces que l'ennemi avait tenues sous le joug, s'étaient empressées, à mesure qu'elles avaient recouvré leur indépendance, d'envoyer leurs députés aux Cortès, et avaient adhéré, sans restriction, à tous les actes de cette assemblée; si toutes, enfin, avaient librement et spontanément juré d'être fidèles à la constitution qui était son ouvrage, et si, conformément aux dispositions de cet acte fondamental, elles avaient élu les membres de celle qui, plus tard, lui a succédé, comment serait-il possible d'élever encore des doutes sur la légitimité de ce congrès, et quel gouvernement pourrait-on citer, encore une fois, dont l'institution ait été plus régulière que ne l'a été l'établissement des Cortès, soit des Cortès généraux et extraordinaires qu'on a tenus à Cadix, soit de ceux qui furent dissous à Madrid en 1814?

Formés en assemblée nationale, et munis de pouvoirs illimités pour la discussion et la résolution des points indiqués dans leurs lettres de convocation (1), les Cortès généraux venaient enfin d'ouvrir leur session. Placés à la vue du camp de l'ennemi, ils délibéraient ordinairement au bruit de son artillerie, et il n'était pas rare que ses projectiles vinssent tomber autour de l'enceinte où ils tenaient leurs séances. Ces acci-

(1) Ces lettres conformes aux intentions que le junte centrale avait, dès le principe, fait connaître à la nation, annonçaient aux députés que le premier devoir des Cortès serait d'élever le peuple espagnol à la dignité de peuple constitué, et de lui donner *des institutions dignes de lui*. Ce mandat, conforme aux besoins des circonstances, l'était aussi aux vœux de la population, laquelle était, en général, si persuadée que l'objet principal de la convocation des cortès devait être de donner une constitution à l'Espagne, que don Pedro Cevallos, dont l'opinion n'est assurément pas suspecte, leur écrivait d'Angleterre, pour les exhorter à s'occuper de ce grand œuvre. Voici, en effet, ce qu'on lit dans le journal de la session du 7 décembre 1810 : « On rend compte d'un écrit que don Pedro Cevallos envoie de Londres, et dans lequel, après avoir formellement reconnu l'autorité des cortès, il fait sentir combien il serait convenable qu'ils s'occupassent de donner une constitution au royaume. »

dens n'interrompaient point les débats. Tout entiers à la discussion, au milieu des périls qui les environnaient, ces nobles pères de la patrie inspiraient, par leur intrépidité, de la résolution aux plus timides : trait admirable et digne de mémoire dans lequel l'histoire de la nation espagnole se montre, comme dans presque tout le reste, avec ce caractère de grandeur et d'originalité qui la distingue de celle de tous les autres pays du monde.

Dès les premières séances, les Cortès montrèrent à la nation ce qu'elle pouvait attendre de ses représentans, et l'allégresse renaquit avec la confiance dans le cœur de tous les citoyens. Un des phénomènes les plus remarquables de la révolution d'Espagne, c'est le caractère d'élévation et de sagesse dont furent empreintes les premières résolutions de cette assemblée. N'est-il pas, en effet, bien extraordinaire, que chez une nation, où la pensée, depuis trois cents ans, avait été plus enchaînée qu'en aucun autre pays de la terre, il se fût trouvé tout à coup des hommes aussi avancés dans la connaissance des progrès de l'esprit humain que l'étaient les savans des nations les plus libres et les plus éclairées? N'est-il pas incroyable, qu'en dépit de l'inquisition, du despotisme politique, de la mauvaise éducation, du système encore plus mauvais des études, de l'extrême difficulté des communications et de l'état presque absolu d'isolement où l'Espagne se trouvait de toutes les autres nations de l'Europe, on y eût fait assez de progrès pour qu'à la première formation d'une assemblée nationale, les représentans du pays jetassent les bases d'une constitution judicieusement libérale, décrétassent la liberté de la presse, abolissent l'inquisition, réformassent avec précaution les couvens, réduisissent la pernicieuse influence des prêtres, affranchissent l'industrie de ses liens, le commerce et l'agriculture de leurs entraves; et tout cela à une immense majorité; et tout cela au milieu des embarras et de la confusion d'une guerre horriblement acharnée et désastreuse? Des faits aussi prodigieux annoncent assez quelles sont les dispositions du peuple espagnol pour la liberté; et en faisant voir ce qu'était l'Espagne en 1808, ils montrent clairement combien sont vains les efforts qu'on fait pour abrutir les hommes. Jamais, assurément, il n'en avait été fait de mieux concertés qu'en Espagne pour tenir une nation dans les ténèbres; et pourtant les lumières avaient pénétré, la vérité s'était répandue en dépit des obstacles, et l'Espagne est le troisième grand état en Europe qui ait entrepris de se constituer librement. Elle a devancé, dans cette carrière, beaucoup d'autres pays dont les gouvernemens étaient, depuis long-temps, incomparablement plus éclairés que le sien.

Le 24 septembre, jour de leur installation, les Cortès rendirent leur premier décret, dans lequel considérant l'état de l'Espagne, et voulant proclamer le principe le plus capable de détruire radicalement les prétentions de Bonaparte, ils déclarèrent à l'unanimité que c'était en eux que résidait l'exercice de la souveraineté nationale, et que les renonciations et transactions de Bayonne étaient des actes nuls, non-seulement parce qu'ils avaient été faits sans liberté, mais encore et principalement parce qu'ils n'avaient point obtenu l'assentiment de la nation espagnole. Fidèles à leur serment, ils reconnurent de nouveau dans cet acte, Ferdinand septième de Bourbon pour leur seul légitime chef; ils réglèrent avec équité et désintéressement l'exercice de la puissance publique, et ne se réservèrent que l'autorité législative dans toute sa plénitude, abandonnant entièrement l'application des lois aux tribunaux du royaume, et leur exécution au conseil de régence qui représentait le roi.

C'est ce décret que quelques ennemis des Cortès ont voulu présenter depuis comme subversif du gouvernement monarchique, sans considérer que le monarque, malgré son abdication, malgré son absence, malgré la présence de l'ennemi, y était de nouveau reconnu; qu'ils ont qualifié d'attentatoire aux droits du roi, sans prendre garde, qu'au mépris du titre dont l'ennemi se prévalait pour disposer de son trône, il y était proclamé comme le seul roi légitime d'Espagne; qu'ils ont donné enfin comme une violation du serment que les Cortès lui avaient antérieurement prêté, comme s'il y avait la moindre contradiction entre la souveraineté qu'ils exerçaient alors et qui n'était que la continuation de celle qu'avaient exercée précédemment les juntes des provinces, la junte centrale et le conseil de régence, et la souveraineté qu'exercerait plus tard le roi, lorsqu'en vertu d'une constitution représentative, telle qu'il appartenait à la nation de se la donner, et à la suite du serment qu'il aurait prêté à cette constitution, il aurait été remis en possession de sa couronne.

L'objet des Cortès, dans ce décret, avait été d'affermir l'autorité du souverain, de fermer la voie aux pensées ambitieuses, de prévenir tout projet de gouvernement fédéral, qui aurait rendu la résistance impossible, d'inspirer plus de sécurité et de confiance aux citoyens. La délibération avait été publique; les intentions des députés étaient droites et pures; le sens et le but de leur déclaration, manifestes par eux-mêmes, ont été depuis développés plusieurs fois au sein des Cortès (1). Il n'est personne, nous osons le dire, qui ait pu méconnaître leurs vues, moins peut-être quelques individus que blessait le nouvel ordre des choses, et qui ont affecté, pour le déconsidérer, d'élever des doutes sur le désintéressement de ses fondateurs.

Le congrès, dès les premiers jours de la session, décréta, à une forte majorité, la liberté de la presse. Il pensa que c'était le meilleur moyen d'éclairer l'opinion, de la connaître et de procéder avec sûreté à la rédaction de l'acte constitutionnel.

La discussion à laquelle donna lieu ce décret, remarquable par l'importance de la matière, l'est davantage par la formation de deux partis, dont elle devint l'occasion, partis auxquels le public seul imposa des noms et dont la composition fut entièrement son ouvrage. Il ne sera pas hors de propos, pour bien faire entendre ceci, de dire quelques mots, avant d'aller plus loin, du caractère et de la nature des élémens dont se formaient en général les Cortès.

(1) *Voyez* à ce sujet le discours préliminaire de la constitution, rédigé par le député Argüelles.

Cette assemblée, comme toutes celles du même genre, offrait deux grandes divisions, dont l'une se composait de tous les partisans des réformes, et l'autre de tous leurs ennemis. Le nombre des ecclésiastiques qui y siégeaient, était hors de toute proportion avec ce qu'il y avait de députés laïques; et quoique plusieurs de ces prêtres fussent très-prononcés en faveur des innovations utiles, il est vrai de dire que la plupart s'opposaient à tout projet d'amélioration. Cette opposition avait pour auxiliaires, d'autres députés appartenant à des classes privilégiées, à la magistrature, ou qui avaient été au service de l'ancien gouvernement, espèce de gens qui considéraient les abus comme leur patrimoine et tout changement qui pouvait en compromettre l'existence comme un attentat à leur propriété. Cette division entre les députés commença à se manifester à l'occasion du projet de décret relatif à la liberté de la presse. Ce projet donna lieu à des débats très-animés. Le public, qui souhaitait avec ardeur que la presse fût déclarée libre, et qui suivait les séances avec le plus vif intérêt, prit insensiblement l'habitude d'appliquer la qualification de *libérales* aux opinions des orateurs qui parlaient en faveur du projet, et celle de *serviles* aux discours de ceux qui le combattaient; et cette dénomination ayant passé, comme il arrive presque toujours, des choses aux personnes, ne servit plus dès ce moment qu'à distinguer par le nom de *libéraux*, les partisans des réformes, et à flétrir ceux qui les combattaient du surnom de *serviles*. On remarquait, dans l'assemblée, une troisième nuance d'opinion, qu'on aurait pu désigner par le nom de parti *Américain*. Ce parti, qui votait habituellement avec les libéraux, se séparait d'eux cependant dans quelques questions relatives à l'Amérique. Au surplus, tous ces partis, divisés respectivement l'un à l'autre, étaient unanimes relativement aux étrangers ; et toutes les fois qu'il était question de repousser l'invasion ennemie et de sauver l'indépendance nationale, les hommes des opinions les plus opposées ne se souvenaient plus que d'une chose, savoir qu'ils étaient du même pays (1) ; c'est une justice que tous méritent.

(1) Les Cortès offrirent sur-tout un exemple frappant de cette unanimité, dans leur décret du 1er janvier 1811, par lequel ils déclarèrent nul tout acte que ferait le roi, tant qu'il serait au pouvoir de Napoléon, ou exposé seulement à son influence, ajoutant qu'ils ne le regarderaient comme libre, que lorsqu'il se retrouverait au milieu de ses fidèles sujets, au sein du congrès national. De plus, ils jurèrent au nom de l'Espagne, de n'entendre à aucun accommodement, et de ne consentir à poser les armes, que lorsque leur roi leur aurait été rendu, et que la Péninsule aurait été complétement évacuée, et qu'ils auraient acquis la certitude que leur religion serait maintenue, et que le royaume ne perdrait rien de son intégrité et de son indépendance. Ce décret servit de base à celui que les Cortès ordinaires rendirent le 2 février 1814, à la suite du traité de Valençay. Celui-ci fut voté nominativement par tous les députés. Deux d'entr'eux, Garcia-Herreros, et Esteban, l'un *liberal*, et l'autre *servile*, qui n'avaient pu prendre part à la résolution, demandèrent à la séance suivante, qu'on voulût bien recevoir leur adhésion, et ne pas leur refuser le plaisir d'apposer leur nom à la suite de celui de leurs collègues ; de sorte que l'acte fut signé par tous les députés, sans exception. Si M. de Pradt avait eu ce fait présent à la mémoire, il aurait sans doute évité de dire, dans son écrit sur la révolution d'Espagne, que « les Cortès réunis à Cadix, avaient envoyé des « députés à Joseph, mais que ceux-ci, à la nouvelle de la « bataille d'Albuéra, s'étaient arrêtés à Seville.

Il faut dire de plus que, parmi les députés dits *serviles*, il se trouvait des hommes dont les intentions étaient excellentes et qui ne s'opposaient aux réformes, que faute de lumières. La preuve, c'est que des députés qui avaient d'abord penché pour le maintien de l'inquisition et d'autres institutions non moins pernicieuses, ayant été désabusés par le temps et la discussion, en devinrent les plus ardens antagonistes. Les trois partis comptaient des orateurs éloquens et qui se couvrirent de gloire (1). Le parti libéral en possédait surtout de très-éclairés et de très-versés dans les matières de gouvernement, qui, tour à tour, animaient la discussion par des discours improvisés (2), ou éclairaient les commissions par des rapports dans lesquels ils développaient des connaissances étendues et profondes.

Le décret rendu par les Cortès, en faveur de la

---

(1) Tels furent, dans le parti libéral, MM. Augustin Argüelles, Mugnoz-Torrero, le comte de Toreno, Calatrava, Garcia-Herreros, Villanueva, Antillon etc.; dans le parti opposé, MM. Inguanzo, Cagnedo, Valiente, Guttierrez de la Huerta etc., et dans le parti américain, MM. Mexia, Teran, Leyva, Arispe et plusieurs autres.

(2) La véritable discussion n'admet pas la lecture de longs discours écrits; ces discours rédigés d'avance, et dans lesquels on n'a pu tout prévoir, laissent nécessairement beaucoup d'objections sans réponse. Cette méthode a été bannie avec raison du parlement anglais; elle a été peu pratiquée dans le congrés espagnol; presque tous les auteurs y improvisaient, et c'est sans doute à cette circonstance, qu'est dû l'intérêt qu'inspirèrent des discussions, d'où l'on avait soigneusement banni les discours d'apparat, les digressions oiseuses, et tout ce qui aurait pu déceler l'envie de briller.

liberté de la presse, fut toujours scrupuleusement observé; les journaux des *serviles* ne jouirent pas de moins d'indépendance que ceux des *libéraux*. Il est même vrai de dire que le premier de ces partis abusa plus, incomparablement, de la liberté commune, que ne le fit le second. Il suffit, pour s'en convaincre, de parcourir les feuilles qui lui servaient d'organe, et notamment le *Procureur* (el Procurador) et la *Sentinelle de la Manche* (el Atalaya de la Mancha), feuilles ordurières et violentes, qui semblent avoir été faites tout exprès pour donner un démenti à ceux qui prétendent qu'il ne s'écrivait à Cadix que ce qui pouvait convenir au gouvernement (1).

Peu de temps après avoir proclamé la liberté de la presse, les Cortès s'occupèrent de l'abolition des droits féodaux. Le régime féodal ne s'était jamais développé, en Espagne, au même degré qu'ailleurs, et ses racines y étaient peu profondes. Les droits de chasse et de pêche, la corvée, les moulins privilégiés et plusieurs autres droits également onéreux au peuple, quoique connus en Espagne, n'y étaient pas établis d'une manière à beaucoup près aussi générale que dans d'autres pays. Il existait cependant, en Galice et dans le royaume de Valence, des

(1) Ces journaux eurent le privilége de continuer à paraître après le retour de Ferdinand, époque où fut supprimée la liberté de la presse, et tout ce qu'on avait fait de libéral pendant la guerre; mais ils abusèrent tellement de cette faveur, ils remplirent leurs feuilles de tant de grossièretés et de calomnies, que le gouvernement, tout favorable qu'il était à leurs doctrines, crut devoir leur interdire de continuer.

priviléges assez nombreux et fort préjudiciables; il y avait aussi des droits seigneuriaux et quelques autres reliques du régime féodal. Tout cela voulait être détruit, et le fut en effet après une longue discussion et à la presque unanimité des suffrages (1).

Au milieu de ces débats, une commission composée de quinze membres, préparait un projet de constitution (2). Ce projet fut enfin présenté au congrès, et chacun de ses articles subit une discussion longue et approfondie, telle que l'exigeait l'importance de la matière; discussion sur laquelle la lumière et la science furent répandues avec une profusion tout à fait digne des nombreux et beaux talens que renfermait l'assemblée. Nous n'entrerons point ici dans l'examen de cette constitution, que tout le monde connaît, et dont chacun est à même de juger. A quelques dispositions près, que quelques personnes pourront trouver défectueuses, elle renferme évidemment tous les principes fondamentaux d'une constitution libre. Nous ferons pourtant quelques remarques sur un petit nombre de points que des hommes instruits ont paru trouver dignes de blâme; tels sont le défaut d'une chambre haute à l'imitation de celle d'Angleterre, l'incompatibilité

(1) Le *digne* archevêque de Santiago, M. Muzquiz, crut devoir s'opposer au décret. Il observait naïvement qu'il ne pouvait pas consentir à la suppression des droits féodaux attachés à l'archevêché de Saint-Jacques, attendu qu'il n'en avait que l'usufruit, et que la propriété était le bien du Saint-Apôtre.

(2) C'étaient MM. Mugnoz-Torrero, Argüelles, Espiga, Oliveros, Perez-de-Castro, Fernandez-de-Leyva, Morales-Dutaret, Guttierrez-de-la-Huerta, Perez, Valiente, Cagnedo, Barcena, Ric, Jauregui et Mendiola.

déclarée entre les fonctions de ministres et celles de représentant, et la disposition qui défend la réélection des mêmes députés.

Il n'est point de système, pour si excellent qu'il soit en lui-même, qu'on puisse également bien appliquer à toutes les circonstances. Les meilleures théories trouvent quelquefois dans les faits une résistance invincible à leur réalisation; et quelque fâcheux que cela puisse être, il vaut encore mieux les abandonner, lorsque cela arrive, que de s'obstiner à les mettre en pratique en dépit des faits qui s'y opposent. Si l'on veut prendre la peine d'examiner quel était l'état de l'Espagne, lorsqu'on fut obligé de convoquer les Cortès, on reconnaîtra sans peine qu'il n'était pas possible à cette assemblée de procéder autrement qu'elle ne l'a fait, et que les dispositions qu'elle a prises étaient véritablement commandées par la nécessité des choses. La condition indéterminée de la noblesse en Espagne; la multitude de nobles qu'on voyait dans une province, le petit nombre qu'il y en avait dans une autre; les divisions et subdivisions infinies de cette classe de citoyens; l'opposition que le plus grand nombre aurait mis à la formation d'une chambre haute, si l'on se fût borné à y faire entrer la grandesse; enfin, la déconsidération dans laquelle presque tous les grands étaient tombés, leur ignorance, leurs préjugés, et par suite leur disposition à détruire beaucoup plus qu'à conserver toute constitution nouvelle, quelques priviléges d'ailleurs qu'elle leur eût concédés; tout rendait, non-seulement impraticable, mais évidemment pernicieux l'établissement d'une seconde chambre (1). L'objet que le législateur aurait dû se proposer, en fondant une telle institution, était ouvertement contrarié par l'état des choses; et, en supposant que l'expérience et de nouvelles lumières dussent en démontrer un jour la nécessité, il était sage, pour la former, d'attendre les temps plus heureux où l'état aurait des grands propriétaires, des hommes hautement considérés, qui, intéressés, par la manière dont ils auraient acquis leur fortune ou leur illustration, à maintenir les principes d'une constitution libre, lui fourniraient les élémens d'un sénat véritablement conservateur.

Quant à l'exclusion des ministres de la représentation nationale, et à la défense de réélire les mêmes députés, il arriva ce qui arrive dans tous les pays, lorsque, à la suite d'une longue oppression, on entre pour la première fois dans les voies de la liberté. La prévention et la défiance qu'inspire le gouvernement, font que, dans les premiers momens, on ne songe qu'à l'entourer de barrières, sans se piquer même quelquefois de mettre un grand discernement

(1) Toute l'indépendance, toute la dignité de la pairie, ne valent pas, aux yeux d'un grand d'Espagne, le grand cordon, l'honneur d'avoir ses entrées chez le roi, ou celui d'être admis dans la domesticité de la cour. Accoutumés à regarder les emplois du palais comme le comble de l'honneur, de l'éclat, de la fortune, et possesseurs d'ailleurs d'immenses majorats, ils n'estimeraient pas une magistrature héréditaire, si élevée qu'elle pût être, autant que le moindre de ces hochets que convoite par-dessus tout leur ambition. On ne doit pas faire entrer dans le nombre des grands qui jugent ainsi, quelques hommes de cette classe, bien connus en Espagne par leurs lumières et par leur amour de la liberté, tels que le duc de Frias, le marquis de Villafranca et d'autres.

dans ces précautions. On peut expliquer, par des motifs analogues, la disposition qui fut prise relativement aux députés. Ce fut une circonspection exagérée qui dicta aux Cortès cette mesure qui, dans d'autres circonstances, n'eût pas été explicable. Quelques publicistes trouveront peut-être ces motifs minutieux et frivoles, en comparaison des avantages que présente l'union du gouvernement avec la représentation, par l'intermédiaire des ministres, et, pour l'affermissement d'un système représentatif, la faculté de réélire les mêmes députés; mais il faut considérer que dans un pays où la liberté commence, et où l'on est encore peu au fait des moyens de l'établir, il ne serait pas sans danger de proposer ces mesures, parce qu'on serait facilement soupçonné de vues personnelles et ambitieuses, qu'on décréditerait ainsi ses efforts en faveur de la liberté, et qu'en voulant la mieux servir on s'ôterait tout moyen de lui être utile. C'est par cette réserve, par ces marques de désintéressement et d'abnégation d'eux-mêmes, qu'en Espagne, les membres des Cortès se sont acquis cette popularité, cette bonne réputation qui ne sera certainement pas perdue pour le bien et la prospérité de la patrie.

Un autre défaut capital, que quelques personnes signalent dans la constitution d'Epagne, c'est la disposition par laquelle on y a consacré l'intolérance religieuse. Cette disposition qui, dans d'autres pays, serait évidemment un mal très-grave, ne peut pas avoir chez nous les mêmes inconvéniens. Il n'existe en Epagne qu'une croyance, et la loi qui n'en tolère qu'une, ne fait par cela même violence à personne:

La domination exclusive et absolue qu'y a exercée, depuis trois siècles, le catholiscisme, a fini par en extirper tout autre culte, et l'on y trouverait difficilement des hommes d'une autre religion, si ce n'est peut-être parmi les étrangers établis dans des ports de mer pour faire le commerce. Le seul fâcheux effet que pût avoir la disposition dont il s'agit ici, ce serait d'éloigner les étrangers, qu'il importe tant à l'Epagne d'attirer chez elle, et d'intéresser à s'y établir; mais comme cette disposition ne leur défend pas d'entrer dans le royaume et d'y professer leur religion, qu'elle leur interdit seulement d'y pratiquer extérieurement leur culte, l'inconvénient en serait moins grave sous ce rapport, et il est peu probable qu'elle les détournât de venir s'établir parmi nous, où d'ailleurs ils jouiraient d'une sécurité complète pour leurs personnes et leurs fortunes, et d'une liberté illimitée pour l'exercice de leur industrie, avantages précieux que notre constitution assure indistinctement à tous. Ajoutez qu'il sera facile avec le temps, à l'aide de la discussion et de la liberté établie, de propager les idées saines à cet égard, de faire comprendre combien il est juste et nécessaire de respecter la liberté de tous les cultes, et qu'alors, surtout si le nombre des étrangers s'est sensiblement accru, l'espagnol catholique verra, sans se scandaliser, le temple protestant s'élever à côté de son église, et que la vue d'une mosquée ou d'une synagogue ne lui inspirera pas plus d'horreur qu'elle n'en inspirait à ses pères avant l'établissement de l'inquisition. Mais, après trois siècles d'un culte exclusif, proclamer tout à coup la tolérance universelle de tous les cultes, c'eût été évidemment se conduire avec irréflexion, et donner sujet au clergé de crier encore plus haut contre les réformes. Qu'on juge de quels termes il se fût alors servi pour qualifier les libéraux, lorsque, malgré la circonspection de leur conduite, il les a traités de jacobins et d'athées.

On s'est élevé contre la déclaration de la souveraineté nationale, qu'on a regardée comme l'énonciation d'un principe abstrait, inutile, dangereux même dans son application. Mais si cette déclaration peut paraître oiseuse dans un pays où l'on réforme ses institutions sans secousses et de bon accord avec son gouvernement, elle ne l'était point en Espagne où la nation, abandonnée de ses souverains, cédée comme un domaine à de nouveaux maîtres, et traitée de rebelle par cela seul qu'elle ne voulait pas reconnaître la validité de cette cession, devait à sa dignité de proclamer à la face du monde le principe qui rend tout peuple dépositaire de sa destinée, et qui lui donne le droit de se constituer et de se défendre, droit dont l'Espagne n'était pas dépouillée par l'abdication de ses princes et auquel ils n'avaient pas pu renoncer pour elle. Quelle nation, en de pareilles circonstances, n'eût pas fait la même déclaration ? Elle avait déjà été faite par l'Espagne elle-même, et dans des temps moins difficiles. Il n'y a qu'à voir le discours que prononça le connétable Rui-Lopez-Davalos, pendant la minorité de don Juan II et lorsqu'on offrit la couronne à son oncle, l'infant don Ferdinand (1). Ce discours qu'on peut

---

(1) *Voyez* Mariana, liv. 19, chap. 5.

comparer à tout ce que de nos jours on a dit ou écrit de plus éloquent, proclame le principe de la souveraineté nationale qu'il présente comme une chose reçue et conforme à l'intérêt des peuples. Si de la théorie nous passons à l'application, nous verrons peu de temps après, à la mort du roi don Martin, les royaumes de Valence, de Catalogne et d'Aragon, nommer, en vertu de ce droit, une junte qui s'assemble à Caspe pour procéder à l'élection du roi qui conviendrait le mieux au pays, et qui fait tomber son choix sur l'infant don Ferdinand de Castille (1). Les temps plus reculés nous offrent des exemples multipliés du même fait. Alphonse, le *guerroyeur*, avait, par testament, légué ses états aux Chevaliers du temple : au lieu de se conformer à sa volonté, les Cortès d'Aragon, assemblées à Monzon, font leur roi du moine Ramire, tandis que de son côté, la Navarre élit don Garcia-Ramirez (2). Quelle constitution pourrait aujourd'hui présenter, sur ce point, des principes plus libéraux que la constitution (*fuero*) de Sobrarve, d'où celle d'Aragon tire son origine? Le roi Ignigo-Arista, qu'avaient élu les Aragonnais, y reconnut en principe que s'il portait atteinte aux franchises du pays, les habitans pourraient choisir un autre roi, fût-il chrétien ou païen (3). Il n'est pas inutile d'ajouter que le prin-

---

(1) Zurita, *Annales d'Aragon*, liv. 2.
(2) Zurita, *Annales d'Aragon*, chap. 52 et 53.
(3) Zurita, *Annales d'Aragon*, liv. 1er. On ne faisait pas autrefois en Espagne, même dans les princes de la maison d'Autriche, le même mystère qu'aujourd'hui de ces principes. On y jouait en effet des comédies, où ces anciens priviléges étaient

cipe de la souveraineté nationale, qu'on reproche aux Cortès de Cadix, a été par eux proclamé à la presque unanimité des suffrages, tant l'universalité des députés était convaincue de l'utilité de ce principe.

Du reste la constitution a fondé la liberté et la prospérité du pays sur leurs véritables bases. Elle a consacré en principe la sûreté individuelle, l'indépendance des juges, la publicité des débats, l'entière liberté de la défense. Elle a aussi institué le jury, en laissant à la sagesse des Cortès le soin d'en régler l'organisation et de déterminer l'époque où il conviendrait de le mettre en exercice. La représentation nationale y est mieux constituée qu'elle ne l'eût jamais été en Espagne : la majorité des Espagnols est admise à concourir à l'élection des députés. La liberté de la presse, l'un des élémens les plus essentiels du gouvernement représentatif, est au nombre des bases les mieux assurées de cet acte. L'administration des communes et des provinces est laissée aux soins de leurs habitans, qui élisent entr'eux, à des époques fixes et sans aucune intervention de la part du gouvernement, les membres des municipalités et les députations des provinces. Enfin, la constitution pourvoit aux besoins de l'avenir, en déterminant avec sagesse les moyens de faire légalement dans ses dispositions les changemens que l'expérience et la réflexion démontreraient nécessaires.

Tel est, en substance, le contenu de notre acte

rappelés. *Voyez* le serment que fait Ignigo-Arista, dans la comédie de don Juan François de Villegas, intitulée : *La Encas de la Virgen.*

constitutionnel. Les Cortès eurent la satisfaction de voir le peuple accueillir leur ouvrage avec des effusions de joie, et les nations étrangères ne pas lui refuser une approbation dont il leur paraissait digne (1). Quelques souverains le reconnurent formellement (2). Tous les habitans de Cadix et de l'île

(1) Voici dans quels termes s'exprimait à ce sujet, l'infante Charlotte Joachine, alors princesse du Brésil, aujourd'hui reine de Portugal, dans une lettre qu'elle adressa le 28 juin 1812, à la régence d'Espagne, et dont celle-ci donna communication aux Cortès : « Je m'empresse, dans la joie qui m'anime, de vous féliciter de la bonne et sage constitution que l'auguste assemblée des Cortès vient de jurer et de publier, à la grande satisfaction de tout le monde, et particulièrement à la mienne. Je regarde cet acte comme la base fondamentale de la félicité de la nation, comme un gage éclatant que mes chers compatriotes donnent au monde de l'amour et de la fidélité qu'ils conservent à leur légitime souverain, et de la valeur comme de la constance d'âme avec laquelle ils savent défendre leurs droits et les intérêts de leurs pays. »

(2) Par l'article 2 du traité conclu à Bâle, le 20 janvier 1814, entre l'Espagne et la Prusse, S. M. Prussienne reconnaît Ferdinand VII pour le seul roi légitime de l'Espagne dans les deux hémisphères. Elle reconnaît également la régence du royaume, qui, pendant l'absence et la captivité du roi, le représente légitimement, comme ayant été élue par les Cortès généraux et extraordinaires, conformément aux règles de la constitution, sanctionnée par cette assemblée, et jurée par la nation.

Par l'article 3 du traité conclu à Weliki-Louki, le $\frac{8}{20}$ juillet 1812, entre l'Espagne et la Russie. « S. M. l'empereur de toutes les Russies, reconnaît pour légitimes les Cortès généraux et extraordinaires, réunis en ce moment à Cadix, et la constitution que cette assemblée a décrétée et sanctionnée. »

Enfin, par l'article 3 du traité conclu à Stockholm, le 19 mars 1813, entre l'Espagne et la Suède, S. M. Suédoise reconnaît également pour légitimes, les Cortès réunis à Cadix, et la constitution qu'ils ont décrétée et sanctionnée.

de Léon, toutes les troupes qui se trouvaient dans ces deux places firent éclater spontanément l'anthousiasme qu'il leur inspirait. Il fut célébré par toutes les provinces de la monarchie dans les deux mondes, et par les Espagnols qui résidaient en pays étranger, comme une institution inappréciable à l'observation de laquelle on jura par acclamation d'être fidèle. Les conseils et toutes les autorités de première classe, les chanceliers et les audiences, les prélats et les chapitres ecclésiastiques, presque toutes les communautés religieuses, les principales municipalités, les universités et autres corporations savantes, tous ou presque tous les établissemens publics, les employés et des particuliers en très grand nombre firent spontanément parvenir leurs félicitations au Congrès avec les assurances les plus expressives de leur reconnaissance. Ces faits sont d'hier, des milliers d'hommes les ont vus, des milliers de documens en rendent témoignage. Jamais institution humaine n'a été accueillie avec des marques aussi générales d'approbation; jamais loi civile n'a été aussi solennellement jurée et reconnue; et cette vérité qu'attestent, nous venons de le dire, d'innombrables documens, vient d'être rendue encore plus éclatante par la dernière insurrection du peuple espagnol.

Les Cortès généraux continuèrent à s'occuper de leurs grands travaux d'organisation sociale. Après avoir, par la publication de la constitution, élevé en quelque sorte la charpente de l'édifice, ils songèrent, par des travaux ultérieurs, à l'achever et à le perfectionner. Un de leurs actes les plus remarquables fut l'abolition du Saint-Office. Quoique ce fameux tribunal fût indirectement détruit par la constitution, on crut devoir à la nation Espagnole de supprimer d'une manière expresse et solennelle, une institution pareille, d'ou étaient nés, en quelque sorte, tous ses maux. On fut d'ailleurs excité à cette détermination par un décret de Bonaparte, qui, de son quartier-général de Chamartin, avait aboli l'inquisition en Espagne. Beaucoup de libéraux furent blessés de voir un étranger détruire aussi cavalièrement leurs institutions, quelles qu'elles pussent être; ce fait leur parut peu respectueux pour la nation, et il ne manqua pas de *serviles* qui voulurent s'en faire un noble prétexte pour demander le maintien du saint tribunal (1). Depuis l'insurrection de 1808, l'inquisition était comme suspendue de ses fonctions; ses partisans insistaient à toute occasion, pour qu'elle fût rétablie. Les libéraux, au contraire, depuis l'installation des Cortès, n'avaient pas perdu une occasion de préparer les esprits à la voir abolir. Les étrangers n'ont pas vu ce que cette institution avait de plus funeste. Effrayés du nombre de ses victimes, ils n'ont fait que se livrer à des imprécations contre ses fureurs, sans considérer que, sous ce rapport, elle n'offrait rien de plus horrible que les excès du même genre auxquels on s'est livré, il y a deux siècles, dans toute l'Europe. En Allemagne, en Angleterre, en France, on a brûlé les hommes pour leur salut,

(1) *Voyez* le discours de l'inquisiteur Riasco, dans les débats relatifs au projet de décret contre l'inquisition.

comme en Espagne. Si l'Espagne a eu ses auto-da-fé, la France a eu sa Saint-Barthélemi et ses dragonades. Cette espèce de frénésie, dans le cours du dernier siècle, s'était calmée à la fois partout; et l'on trouverait difficilement, dans cet espace de temps, un procès de l'inquisition, en Espagne, dont l'atrocité soit comparable à celle du jugement que subit, en France, le chevalier de la Barre (1). Mais les tribunaux qui dirigeaient, dans toute l'Europe, ces procédures plus ou moins horribles, n'étaient pas, comme en Espagne, une magistrature sacerdotale, armée du pouvoir de l'excommunication et des tortures, et trouvant dans ce double pouvoir, le moyen d'entretenir le fanatisme et la superstition qui devaient perpétuer son existence. Si l'inquisition avait été un tribunal de laïques, aussi bien qu'un tribunal de prêtres, il est probable qu'elle aurait bientôt succombé dans le cours de ses attentats; elle n'aurait eu ni les mêmes intérêts, ni les mêmes moyens de contrainte, elle n'aurait pas pu donner à son infâme machiavélisme le masque de la religion, et l'horreur qu'inspiraient ses supplices n'aurait pas été affaiblie par le respect que ses bourreaux commandaient en qualité de prêtres. Voilà ce qui en faisait un tribunal si redoutable; voilà ce qui la rendait plus funeste à l'Espagne que ne l'ont été à la France, les guerres de religion. Ces guerres étaient sans doute bien terribles; mais du moins elles ne dégradaient pas les ames; la fureur qui trans-

---

(1) *Voyez* Voltaire, affaires célèbres : *Le cri du sang innocent, et le Précis de la procédure d'Abbeville.*

portait les factions et qui ensanglantait les champs de bataille, donnait au contraire du ressort et de la vigueur aux esprits; et si, comme dit Voltaire, les guerres religieuses n'accélérèrent pas les progrès de la raison, elles n'eurent pas non plus pour effet d'en retarder la marche. La redoutable inquisition, au contraire, avec son système constant et universel de compression, mettait au développement de l'esprit humain des obstacles presque insurmontables. Epiant les actions les plus secrètes, elle poursuivait l'homme jusque dans l'asile de sa pensée, et enchaînait étroitement son intelligence. Elle veillait, avec une sollicitude extrême, à ce qu'on n'introduisît en Espagne aucun livre étranger, à ce qu'on ne mît en circulation aucune idée nouvelle, et la civilisation restait captive dans les limites qu'elle lui avait tracées. De là, l'état stationnaire de l'Espagne; de là, le peu de progrès qu'elle a faits dans les arts et les sciences, comparativement aux autres nations. La nation Espagnole s'était montrée constamment opposée à l'établissement du Saint-Office; et loin que les Cortès eussent jamais sanctionné cette institution, ils en avaient mainte et mainte fois sollicité la réforme, comme le prouvent assez les procès-verbaux de ceux qui furent tenus dans le cours du XVIe siècle. Enfin, il n'est pas d'époque, où les Espagnols, libres de manifester leur pensée, n'aient demandé à grands cris son abolition. Tel était l'objet d'une des pétitions qu'adressèrent aux Cortès, les célèbres *Communeros*, pendant la guerre malheureuse où succomba la liberté Castillane (1). La discussion qu'elle

(1) On a généralement en Europe une idée peu exacte de

provoqua au sein de l'assemblée, sur l'abolition du fameux tribunal, fut une des plus solennelles et des plus lumineuses qu'on eût jamais entendues, et elle tourna complétement à la gloire des lumières et de la philosophie. La résolution fut emportée à la majorité des deux tiers des voix, et encore tous ceux qui la combattaient, à l'exception de six ou huit, ne défendaient-ils l'inquisition qu'en demandant qu'on en modifiât les formes. Comment, en effet, n'en eût-on pas désiré la réformation, quand on connaissait sa manière de procéder, son épouvantable secret, la protection qu'elle accordait aux délateurs, l'état d'abandon et de solitude où elle laissait les accusés? Aussi les Cortès, composés d'hommes élevés sous sa terrible verge, firent-ils voir clairement quelle était, à son égard, la pensée publique, aussitôt qu'elle put librement se manifester. De toutes parts, on les

cette guerre. Ce n'était point une affaire de parti, une querelle des grands contre le roi, un soulèvement exécuté dans l'intérêt de quelques ambitions particulières : il s'y agissait uniquement des libertés de la Castille, il s'agissait de leur donner plus d'étendue, de les mettre à l'abri des atteintes du pouvoir royal et de ses conseils : c'était la première guerre de cette nature qui eût encore été entreprise en Europe. L'infortuné Jean de Padilla qui la dirigeait, issu d'une famille illustre de Tolède, fut un des hommes les plus accomplis de son temps. Voyez le portrait que Guévara, son ennemi, en fait dans ses lettres. Comme à dater de cette époque, le pouvoir royal devint très-oppressif, les écrivains qui ont parlé de cette guerre n'ont pu le faire qu'avec beaucoup de partialité ou de circonspection. Aussi, ce qu'ils disent en faveur des *communeros*, en acquiert-il d'autant plus de poids. Les Cortès avaient arrêté qu'il serait érigé un monument en l'honneur de Jean de Padilla.

bénit de l'avoir abolie, et il ne s'éleva pas contre leur décret la réclamation la plus légère.

Après avoir détruit l'inquisition, les Cortès généraux s'occupèrent de la réforme des moines. Ils réduisirent le nombre des couvens, et mirent des bornes à la faculté d'admettre des novices. Ils prirent en même temps des mesures pour diminuer la masse des biens du clergé qu'ils appliquèrent en partie à l'extinction de la dette publique. Mais dans tout ceci, ils usèrent de grandes précautions et s'interdirent toute résolution extrême : on ménagea aux moines la faculté de rentrer dans la vie séculière, on assigna des pensions à ceux qui sortiraient du cloître, et quant aux chapitres ecclésiastiques, on se borna à suspendre les prébendes sans fonctions ou auxquelles ne seraient pas attachées des charges d'ames.

Enfin les finances attirèrent aussi et d'une manière toute particulière l'attention des Cortès généraux. Ils envisagèrent cet important sujet sous deux points de vue, les *contributions* et *l'extinction de la dette*. Sous le premier rapport, il leur présenta de graves difficultés : l'état de bouleversement et de confusion où se trouvait le royaume; le désordre qui s'était introduit, pendant le règne de Charles IV, dans l'administration des deniers publics; la nécessité d'imposer des charges extraordinaires à la nation pour subvenir aux besoins de la guerre, tout contribuait à augmenter les difficultés du sujet, et à rendre, en quelque sorte, une bonne résolution impossible. Un des plus grands inconvéniens de toute contribution, c'est de détourner de leurs canaux naturels une partie des revenus des citoyens pour en faire un emploi stérile. Tout le bien possible dans cet inconvénient inévitable, consiste à diminuer le mal par la manière d'asseoir l'impôt et sur-tout en le réduisant autant que possible. Malheureusement, le nombre désordonné de soldats que tiennent sur pied les gouvernemens d'Europe et les effroyables dépenses où les entraîne l'entretien de ces armées, exigent que les peuples soient chargés sans aucune modération. Ajoutez qu'en Espagne, à mesure que l'ennemi évacuait le territoire, il fallait trouver de prompts secours et improviser en quelque sorte un système de finances. L'ennemi, part-tout où il avait séjourné, avait modifié l'ancien système suivant les besoins du moment (nous ne parlons pas ici des nombreuses contributions de guerre qu'il avait levées ni des exactions violentes qu'il avait commises). Si l'ancien mode de contribution avait encore existé, les Cortès, malgré ses graves défauts, auraient sans doute bien fait de le maintenir et de ne le réformer qu'à la longue, parce que tout changement trop brusque de système, en matière d'impôts, a nécessairement des suites fâcheuses; mais ce parti n'était pas praticable, puisque tout avait été bouleversé. D'un autre côté, l'établissement d'un système nouveau présentait des difficultés sérieuses: le défaut de connaissances statistiques, l'épuisement de la population, l'urgence qu'il y avait de prendre un parti, ne permettaient pas d'établir un système tel qu'il eût paru désirable de le faire, et qu'on l'eût sans doute fait si le temps l'avait permis. Il résulta de tout cela que les Cortès furent obligés de recourir à la hâte à une répartition générale de taxes sous le nom de *contribution directe*. Cet impôt que l'inégalité des répartitions rendit très-onéreux aux contribuables, leur devint encore plus à charge par la nécessité où l'on se vit de leur demander de fortes sommes, telles que les exigeait l'entretien de l'armée nombreuse qu'on avait alors sur pied. Le temps et la convocation régulière des Cortès eussent bientôt remédié aux inconvéniens de cet état de choses ; la guerre finie, on eût diminué l'impôt ; la répartition, à l'aide de documens statistiques plus exacts, eût été faite d'une manière moins inégale ; on aurait pu adopter pour les villes très-peuplées un système d'impôts indirects ; enfin les citoyens, satisfaits de l'exactitude des comptes qu'on aurait publiés et des réformes qu'on aurait introduites dans les dépenses publiques, auraient facilement pris patience. Du reste, quelles que fussent la pesanteur des charges et l'inégalité des répartitions, le peuple espagnol qui connaissait la nécessité et l'urgence des contributions demandées, qui savait l'impossibilisé où l'on était, faute de renseignemens, de les mieux répartir, qui d'ailleurs était convaincu du désir qu'on avait de bien faire et qui était plein de confiance dans le zèle et la vigilance des députés qu'il avait élus, se soumit avec docilité et paya la contribution sans se plaindre.

Les dispositions qu'il y avait à prendre relativement à la dette publique, seconde branche du système financier, furent promptement convenues et arrêtées. Les Cortès commencèrent par reconnaître toutes les dettes, sans distinction de nature ou d'origine. Ils créèrent ensuite une commission indépendante de la trésorerie, dont ils élurent les membres, et qui, sous le nom de *commission du crédit public*, fut chargée de l'administration des biens ecclésiastiques et autres qui étaient affectés à l'extinction de la dette. Cette commission s'occupa avec ardeur de la liquidation qu'on lui avait confiée, et le crédit se rétablit si bien que les vales royaux s'élevèrent de suite à un taux où ils n'étaient pas montés depuis longues années.

Nous croyons en avoir dit assez pour donner une idée de la tâche que s'étaient imposée les Cortès extraordinaires. Mais avant d'abandonner ce sujet, qu'on nous permette de dire quelques mots de l'influence que quelques étrangers ont supposé fort légèrement que les Anglais avaient exercée sur les délibérations de ce corps. Il suffirait pour détruire cette supposition de rappeler un certain discours que lord Castleréagh prononça dans le parlement, en 1816, et dans lequel, fidèle au système que suivait alors son gouvernement, il parla avec une souveraine injustice de l'esprit qui avait régné dans les Cortès. Mais nous allons rapporter quelques faits qui montreront d'une manière plus évidente encore, tout ce qu'il y a de faux à dire que l'Angleterre a influé sur les résolutions du congrès Espagnol.

Le ministère Anglais entama auprès de cette assemblée trois négociations importantes. Il demandait, dans la première, la faculté de commercer librement avec les possessions des Espagnols en Amérique; dans la seconde, il offrait la médiation de son gouvernement pour la pacification des provinces américaines qui s'étaient soulevées; enfin, l'objet de la troisième était de faire conférer au duc Wellington le commandement des armées d'Espagne. Les deux premières choses lui furent refusées; il obtint la troisième quand il ne la demandait plus.

Deux motifs firent ajourner la concession qu'il sollicitait de la liberté du commerce avec l'Amérique. On considéra d'abord qu'avant de faire cette concession, il était nécessaire de dresser de nouveaux réglemens et d'établir un nouveau tarif des douanes, afin que le commerce de la Péninsule ne souffrît pas trop de ce changement subit dans ses relations avec les provinces d'Amérique. On pensa ensuite que si l'on admettait le principe juste et utile de la liberté du commerce, il était conséquent de lui donner toute l'extension qu'il comportait naturellement, et qu'alors on devait accorder à tous les étrangers un égal accès dans tous les ports de l'Amérique. Or il fallait du temps pour démêler convenablement la complication d'intérêts qui résulteraient de l'établissement d'un tel système, et de plus, les Cortès, qui travaillaient à le mettre à exécution, voulaient le rendre général à tous les peuples.

Quant à la médiation que l'Angleterre offrait pour la pacification des provinces révoltées, les Cortès la rejetèrent formellement. Ils crurent qu'il ne convenait point à l'Espagne de souffrir que des étrangers intervinssent dans ses dissentions intestines. De plus, ils ne voulurent pas accepter les conditions auxquelles cette intervention leur était offerte, parce que, de la manière dont elles étaient conçues, elles semblaient impliquer la reconnaissance, de la part de l'Espagne, de l'indépendance des provinces américaines. Nous n'examinons point ici si les Cortès avaient tort ou raison de ne pas vouloir accepter la médiation proposée. Il nous suffit de prouver par ce fait que les Anglais n'avaient pas sur eux autant d'influence qu'il a plu à quelques personnes de le supposer.

Reste le commandement donné au duc Wellington. Ce commandement ne lui fut confié qu'après la bataille de Salamanque, en 1812. Il avait été précédemment sollicité par l'ambassadeur de la Grande-Bretagne; mais les Cortès n'avaient pas jugé à propos de l'accorder, et lorsqu'ils le déférèrent au duc, ce fut de leur propre mouvement et sans y avoir été préparés par aucune insinuation de la part du ministère britannique. Cette résolution a été fort censurée par quelques personnes; ce fut pourtant une des plus sages démarches des Cortès. Cette assemblée devait avoir, dans l'ensemble de ses déterminations, deux grands objets en vue: le premier était de débarrasser avant toutes choses le territoire de la présence de l'ennemi qui l'opprimait, et de rendre à la nation son indépendance; le second de fonder et d'affermir toutes les libertés du pays. Le premier dessein exigeait une grande union et un grand ensemble dans les opérations militaires; on ne pouvait avoir des succès prompts que par ce moyen. Or, il n'était possible de mettre cette harmonie et cet ensemble dans les opérations, qu'en concentrant le commandement dans les mains d'un seul homme. Aucun général, depuis la victoire de Salamanque, ne réunissait en sa faveur autant de suffrages et ne conciliait aussi bien tous les intérêts que le duc de Wellington. Les généraux Espagnols avaient tous rendu d'éminens services; mais la position particulière où chacun d'eux s'était trouvé placé par l'effet des circonstances, n'avait permis à aucun de s'élever au dessus de tous les autres. Nul d'eux évidemment ne pouvait rivaliser avec le général Wellington, qui commandait une forte armée et qui avait été constamment vainqueur. La concentration du commandement dans ses mains avait l'avantage de combiner les efforts des alliés avec ceux de l'armée Espagnole. Ce commandement d'ailleurs offrait moins de dangers pour les libertés nationales dans les mains d'un étranger qui aurait eu la tentation d'en abuser, que dans celle d'un Espagnol qui aurait médité des projets sinistres. On a pu voir en effet que le commandement confié à Wellington n'avait contribué, en aucune manière, à la ruine de la constitution et du système libéral. La portion de l'armée d'Espagne qui se trouvait immédiatement sous ses ordres, était composée d'une partie de ce qu'il y avait de plus constitutionnel dans les troupes Espagnoles; son esprit était tel qu'on vit des divisions s'offrir, sans consulter leurs chefs, pour soutenir la régence contre les desseins du roi. La division qu'Elio commandait à Valence fut la seule qui consentit à prêter les mains à la destruction du régime constitutionnel, et celle-ci n'était pas placée sous les ordres immédiats du général Anglais.

Telle est la vérité pure : quels que soient les bruits que la malveillance ait fait courir, les Anglais, nous le répétons, n'ont eu aucune sorte d'influence sur les résolutions des Cortès. Ce corps n'a entretenu avec eux que des relations amicales, telles que le commandaient les circonstances et l'intérêt réciproque des deux nations. Du reste, personne n'obtiendra en Espagne, du moins tant que le régime constitutionnel y dominera, plus d'influence que n'y en ont obtenu les Anglais, c'est-à-dire plus que ne commanderont d'en accorder la justice et l'intérêt bien entendu du pays. Si ceci peut se dire de tout pays libre, à plus forte raison peut-on le dire de l'Espagne, où l'on a si fort en horreur toute domination étrangère. Mais revenons aux Cortès.

Dès qu'ils eurent publié la constitution, ils expédièrent sur-le-champ, en se conformant aux règles qu'elle avait prescrites, l'ordre de convocation des Cortès ordinaires pour le 1er octobre 1813, et confondirent ainsi les calomnies de ceux qui les accusaient de vouloir perpétuer leur règne. Ils donnèrent encore une autre preuve de leur désintéressement : diverses provinces du royaume leur ayant fait, à plusieurs reprises, des instances pressantes pour les déterminer à prolonger leur session, et à compléter les réformes qu'ils avaient résolu de faire, ils arrêtèrent qu'à l'avenir il ne serait rendu compte à l'assemblée d'aucune demande de ce genre. Leur principale tâche, en effet, était remplie. Ils avaient fait une constitution qui avait le suffrage de toute l'Espagne; la nation avait librement et spontanément juré de l'observer; ses alliés l'avaient reconnue; elle

4.

était déjà en plein exercice. Les Cortès avaient encore organisé les tribunaux et tous les établissemens, ou du moins tous les principaux établissemens qui se liaient au système constitutionnel. Ils avaient resserré l'alliance de l'Espagne avec l'Angleterre; ils en avaient contracté de nouvelles et de non moins importantes avec la Russie, la Prusse, la Suède (1); ils voyaient le nom espagnol remis en honneur dans toute l'Europe; ils laissaient la Péninsule affranchie de l'ennemi qui, un an auparavant, les bombardait dans Cadix; ils la laissaient avec une belle armée de cent quatre-vingt mille hommes, la mieux disciplinée qu'on eût encore vue en Espagne; les provinces de Vénézuéla étaient à peu près pacifiées; les Cortès avaient sensiblement affaibli l'insurrection dans le reste de l'Amérique; les Espagnols, grâce à eux, se voyaient déchargés d'une multitude de gabelles et en possession des moyens d'alléger encore plus leur fardeau; ils avaient supprimé les régies ruineuses, réformé les finances, affermi le crédit public; enfin, leurs veilles et leurs travaux de trois ans avaient réellement sauvé l'état, qui existait à peine en Espagne à l'époque où elles étaient entrées en exercice; et s'ils n'avaient pas achevé l'œuvre si difficile de la félicité publique, ils en avaient du moins posé les fondemens, et avaient préparé à leurs successeurs, riches de plus d'expérience et de lumières, les moyens de le terminer. Il était donc temps de clore la session, et c'est ce que firent les Cortès au milieu des bénédictions et des regrets du peuple de Cadix, qui leur paya, en un jour, par le

(1) *Voyez* la note 2, à la page 38.

témoignage éclatant de son affection, toutes les peines et les fatigues de trois années.

Ainsi se termina ce congrès mémorable et unique à tous égards, que la postérité n'admirera pas moins pour sa loyauté, son patriotisme et sa constance au sein des revers, que pour le zèle infatigable et le noble désintéressement avec lequel il travailla au bien des peuples qui lui avaient donné leur confiance.

Les Cortès ordinaires ouvrirent leur session à Cadix le 1er octobre 1813. Une épidémie qui se déclara dans cette ville, les obligea presque aussitôt d'aller s'établir dans l'île de Léon, d'où, au mois de janvier 1814, ils transférèrent leur siége à Madrid. On commençait déjà à sentir les inconvéniens de l'article de la constitution qui s'opposait à la réélection des mêmes députés. Des hommes à qui leur savoir, leur talent, leur intégrité politique avaient fait une réputation méritée, et qui avaient été comme l'ame des grands travaux des Cortès extraordinaires, ne purent point être renommés, et la confiance, première condition de tout choix, que la nation avait en eux, fut rendue vaine par une disposition fausse, née d'un esprit mal calculé de délicatesse et de désintéressement. On fut obligé, quand on possédait des hommes connus, de choisir au hasard des hommes qu'on ne connaissait point. Heureusement, il se trouva dans le nombre des nouveaux élus, beaucoup de députés qui répondirent dignement aux espérances de la nation, et qui auraient mérité de figurer dans l'assemblée précédente. Mais le clergé, éclairé sur des innovations et des réformes qui faisaient à ses intérêts une guerre plus meurtrière que celle de Napoléon, intrigua partout de toutes ses forces, et avec l'assistance des hommes vivant d'abus, il parvint à influencer sensiblement les élections (1).

Ces hommes, qu'on eût pu comparer à ces fourmillères de reptiles qui, nourris dans la fange, s'agitent et se montrent par milliers à sa surface aussitôt qu'on la remue, se mirent de toutes parts en mouvement. On voyait dans la tourbe immonde des hommes de cent espèces diverses, tous également ennemis des Cortès et de l'ordre nouvellement établi; des hommes passionnés pour le pur

(1) Quand nous nous servons du mot *clergé*, dénomination commune d'une classe entière de citoyens ; nous ne prétendons point désigner tous les individus dont cette classe se compose. La chose serait d'une injustice manifeste; il suffit, pour le sentir, de se rappeler que Mugnoz-Torrero, Oliveros, Villanueva, Ruiz-Padron, Serra, Larrazabal, Bernabeu, Cepero et autres membres, soit des Cortès constituans, soit des Cortès ordinaires, qui ont été, dans ces deux assemblées, les plus fermes soutiens du parti libéral, étaient des ecclésiastiques, et que deux de ces ecclésiastiques, Mugnoz-Torrero et Oliveros, avaient fait partie, dans les premiers Cortès, de la commission de constitution, et étaient de ceux qui y avaient le plus travaillé. Il ne faut pas même croire que le nombre des prêtres honorables que renferme le clergé d'Espagne, se réduise aux noms que nous venons de citer. Beaucoup de curés, quelques prélats, un certain nombre de chanoines et d'autres ecclésiastiques titrés de cette dernière classe, hommes éclairés et doués de toutes les vertus de leur état, aiment la liberté, détestent l'intolérance, gémissent sur l'ambition et l'avidité des autres membres de leur ordre, et ne désirent rien tant que de voir les ministres du sanctuaire séparés en quelque sorte de tout ce qui tient au temporel, conformément à l'esprit de l'évangile ; la religion soutenue par ses seules forces, et l'église rendue à l'éclat et à la dignité des quatres premiers siècles.

despotisme; des partisans d'un despotisme éclairé, secte nouvelle née des malheurs de la France et de la politique de Napoléon; tous ceux qui déploraient la chute de l'ancien régime, auteur de leur fortune particulière et de la misère publique; tous ceux qui blâmaient la glorieuse insurrection de l'Espagne, et qui traitaient le dévouement de démence et le patriotisme de sédition; plusieurs anciens propriétaires de droits féodaux, droits que les Cortès avaient abolis; un grand nombre de régidors à vie des anciennes municipalités, dont les fonctions d'héréditaires qu'elles étaient, étaient devenues électives; des chapitres, quelques prélats, d'autres ecclésiastiques encore mécontens de la suppression des prébendes et de tous les bénéfices inutiles, non moins mécontens de l'obligation imposée indistinctement à tous les citoyens de contribuer aux charges publiques, encore plus mécontens de la suppression du Saint-Office, qui, tout en ne paraissant institué que pour l'intérêt de la religion, était la meilleure sauvegarde de leurs intérêts propres; beaucoup de magistrats et de juges à qui l'arbitraire dans les saisies et les procédures venait d'être interdit, que l'on avait dépouillés du contentieux administratif, objet de leur prédilection particulière, et qui se trouvaient réduits à leurs fonctions de juges; une tourbe d'huissiers, de scribes et d'autres officiers de justice qui, par l'institution des juridictions de paix, voyaient le nombre des procès réduits des trois quarts, et qui, dans les affaires criminelles, n'avaient plus le pouvoir illimité d'arrêter, d'em prisonner, de rançonner leurs victimes; enfin tous les hommes dont on avait blessé la vanité, dont on avait excité l'envie, qui avaient encouru une censure méritée; tous les égoïstes, tous les mauvais citoyens, tous ceux qui ne se trouvent bien sous aucun régime et qui n'éprouvent d'affection que pour eux.

Tous ces hommes et beaucoup d'autres, dont il serait trop long de faire ici l'énumération, ligués avec le clergé, surprirent la bonne foi des citoyens et firent élire un grand nombre de députés qui, pour le talent et les ressources, étaient fort au-dessous des serviles de la première assemblée, qui avaient moins de pudeur et qui montraient beaucoup plus d'indifférence, soit à l'approbation, soit à la censure publiques. Voilà comment il se fit que les deux partis désignés par les noms de *serviles* et de *libéraux*, reparurent dans les Cortès ordinaires; le troisième, le parti *américain*, ne s'y remontra point, il s'était réuni aux libéraux; mais les *serviles* y furent en beaucoup plus grand nombre que dans la première assemblée : toutefois, ils n'y eurent point la majorité; leurs scandaleuses manœuvres les avaient fait tomber dans un tel décri que l'avantage resta constamment aux libéraux. (1)

Aussi, les nouveaux Cortès, en dépit des efforts que les factieux faisaient pour entraver leur marche,

(1) On distinguait particulièrement, dans le nombre de ces derniers, MM. Martinez-de-la-Rosa, Cepero, Isturiz, Canga-Argüelles et Quartero. L'autre parti ne présentait aucun homme remarquable.

suivirent-ils la même direction que les précédens. Ils soutinrent dignement la constitution et toutes les réformes qu'avaient opérées les Cortès extraordinaires. Ils reprirent les travaux qu'ils avaient suspendus et les conduisirent honorablement à fin; ils en entreprirent de nouveaux pour le complément du système constitutionnel. La plus parfaite harmonie régnait entre le congrès et la régence; le peuple de Madrid portait aux deux autorités une égale affection; les provinces commençaient à respirer des maux de la guerre; les juntes provinciales et les corps municipaux travaillaient, partout, avec zèle et activité; ce mouvement était dirigé par des chefs politiques instruits, pleins d'émulation, tous empressés à s'aider mutuellement de leurs lumières et de leurs connaissances. La nation croyait, en quelque sorte, renaître; un intérêt extraordinaire l'animait, heureuse qu'elle était du sentiment de sa nouvelle existence. Jamais elle n'avait connu un état pareil de société (1). Si cet état avait pu se main-

(1) M. de Pradt se trompe gravement dans son dernier écrit sur la *révolution d'Espagne*, quand il dit qu'à cette époque, la constitution n'y était pas encore en vigueur, et que c'était un acte à peu près inconnu au peuple. Avant l'entrée du roi, la constitution était partout en pleine activité, autant que pouvait l'être un système encore nouveau. Toutes les autorités constitutionnelles étaient en exercice, et à l'exception des derniers pays évacués par les troupes françaises, où le nouveau régime ne faisait que de s'établir, tout le reste, depuis un an, était gouverné par les lois constitutionnelles: quelques provinces même l'étaient depuis dix-huit mois. Qui ne sait d'ailleurs que les membres des Cortès ordinaires avaient été partout constitutionnellement élus? La conjecture que l'ingénieux au-

tenir, elle aurait eu bientôt réparé, non seulement les désastres de la dernière guerre, mais encore

teur tire de la supposition du contraire, s'évanouit donc d'elle-même. Si la constitution d'Espagne n'avait pas été connue de ses habitans; si, comme celle de 1793 en France, elle était restée sans exécution, et n'avait en quelque sorte existé qu'en projet, l'unanimité, l'enthousiasme avec lesquels les Espagnols viennent de la redemander, de la proclamer, sans s'être aucunement entendus, serait un fait impossible à expliquer, un véritable miracle; tandis que dans la supposition contraire, c'est-à-dire dans la supposition que la constitution était connue, qu'elle avait été mise en vigueur, qu'elle avait été partout agréée et accueillie, ce fait n'a rien d'étonnant, l'explosion de cette année est une chose toute simple, et l'on ne peut plus être surpris que d'une chose, c'est qu'elle ait tant tardé à se faire. Les malheureux Portier et Lacy n'ignoraient point ces faits, ils connaissaient leur nation, ils l'avaient visitée toute entière, et l'on peut croire que ce ne fut pas légèrement et sans un grand espoir de succès qu'ils entreprirent de l'affranchir. S'ils ne purent atteindre le but que se proposait leur généreuse ardeur, ce ne fut point que les habitans leur fussent contraires, ni même qu'ils manquassent de dispositions à les seconder; ce fut uniquement parce qu'on ne leur laissa pas le temps d'agir. Lacy n'eut pas seulement le loisir de faire éclater l'insurrection qui était prête; celle qu'avait déterminée Porlier, fut arrêtée au bout de quatre jours, par la trahison d'un sergent. Si Quiroga, durant les deux mortels mois où il lui a fallu se soutenir seul, sans autre appui que sa force d'ame, avait été livré par quelqu'un des siens, ou frappé de quelque coup de poignard, l'Espagne au lieu d'être libre, serait aujourd'hui couverte d'échafauds; et pourtant on ne pourrait pas en conclure qu'elle n'était pas préparée à la liberté. Du reste, des erreurs comme celle où est tombé M. de Pradt, sont pardonnables à un étranger, à qui le talent ne peut tenir lieu des documens nécessaires, et qui n'a pas été à même de consulter ce que les Espagnols ont écrit sur ces événemens. Jusqu'à ce moment, la nation avait été réduite au silence, et n'avait pu rien dire de ce qu'elle avait fait.

tous les maux qu'elle avait hérités d'une époque d'ambition, ou si l'on veut, d'une époque de gloire suivie de trois siècles de servitude. Mais le bonheur de l'Espagne, comme celui de nos premiers parens, fut de courte durée. Le génie du mal souleva contre elle l'orgueil, l'envie, l'avarice d'un petit nombre d'hommes que le ciel avait fait naître pour sa ruine; et de l'état de félicité où elle se trouvait, elle tomba dans le gouffre de maux où on l'a vue six ans abîmée.

Tandis que les Cortès travaillaient à affermir l'ordre établi, les serviles, soit dans l'assemblée, soit hors de l'assemblée, redoublaient d'efforts pour le détruire. L'injure, la diffamation, la calomnie, les manœuvres clandestines, tout leur paraissait licite pour arriver à leurs fins. Ils n'étaient arrêtés, ni par la sainteté du sacerdoce, ni par la dignité des fonctions civiles dont ils étaient revêtus, ni par la religion, ni par les sermens. Ayant dépouillé toute honte, ils se laissaient emporter par la fureur aux résolutions les plus extrêmes. Il ne s'agissait point, pour eux, de se défendre légalement, de se constituer en opposition régulière; un tel dessein était trop au-dessus de leurs moyens, et d'ailleurs ils voyaient bien que leurs efforts seraient déjoués par l'opinion publique. Ils travaillaient donc dans les ténèbres à ruiner l'édifice constitutionnel, à le détruire de fond en comble, et ils tramaient, en même temps, la perte des plus honorables députés (1).

(1) C'est dans ce dessein, que les serviles ourdirent le complot qui fut imputé au général *Audinot*. Comme cette intrigue est peu connue, nous croyons qu'il ne sera pas mal d'en dire

Heureusement, ces desseins pervers trouvaient des obstacles invincibles dans la sagesse et la fermeté de la partie saine du congrès, comme dans l'esprit droit et judicieux de la nation. La raison et la vérité

ici quelque chose. Les serviles sachant que le meilleur moyen de déconsidérer les libéraux, serait de persuader qu'ils avaient des relations avec Bonaparte, et qu'ils cherchaient à seconder ses projets, imaginèrent de mettre en jeu pour cela un misérable aventurier, lequel s'étant laissé prendre par un régidor de Baza, déclara qu'il s'appelait Louis Audinot, lieutenant général français, marié à une dame de Bordeaux, et envoyé en qualité d'agent secret en Espagne par Napoléon et son conseil d'état, pour l'exécution de plans qui avaient été concertés avec un grand nombre de libéraux. Après avoir dénoncé comme ses complices beaucoup de citoyens honorables de la contrée, il fit par écrit une seconde révélation dans laquelle il déclina de nouveau ses noms et qualités, et dit que le but de sa mission en Espagne était d'y travailler à l'établissement d'une république, sous le nom de république Ibérienne, ajoutant que le prince de Taleyrand était à la tête de ce vaste projet. Il désigna une maison de banque de Sarragosse, comme dépositaire des fonds qu'il avait apportés pour l'exécution de l'entreprise; il signala encore, sur divers points du royaume, plusieurs individus comme ses complices; il dit que s'étant rendu à Cadix, il avait cherché à gagner le député Argüelles, à cause de sa grande influence sur les Cortès, et qu'il y avait réussi, qu'il avait conféré plusieurs fois avec ce député dans sa propre maison, et qu'il était tombé d'accord avec lui, de l'établissement de la république; il ajouta qu'un grand nombre d'autres députés devaient le seconder, et que la noblesse et le clergé, ou du moins une bonne partie de ces ordres, étaient aussi du complot; enfin, il tira sur la carte d'Espagne diverses lignes de correspondance, qui, bien que tracées au hasard, devaient servir de prétexte pour arrêter dans les provinces toutes les personnes qu'on voulait perdre. *Le procureur général*, feuille des serviles, comme nous l'avons déjà dit, publia sur-

triomphaient des sourdes intrigues ; l'amour des Cortès et de la liberté était le sentiment dominant, et la tranquillité continuait à régner partout.

Cependant, l'orage qui devait bientôt éclater sur le-champ et littéralement, les dépositions d'Audinot, qui, par leur nature, devaient rester secrètes, qui sur-tout ne devaient pas être rendues publiques avant qu'on eût entamé le procès. Cette révélation inconsidérée ne permit pas de douter que les juges ne fussent de connivence avec les serviles. Le peuple de Madrid comprit l'iniquité, et personne ne se permit de soupçonner le digne membre des Cortès généraux qu'Audinot avait eu l'impudence de faire entrer dans sa conspiration imaginaire. Cet ex-député s'adressant à la régence, la supplia de le mettre en cause, et demanda que cette affaire reçût tout l'éclat, et fût poursuivie avec toute la rigueur possible. Personne dans les provinces ne fut dupe de la grossière calomnie d'Audinot, et dans les diverses parties du royaume, tous les gens de bien se crurent intéressés à voir cet imposteur confondu. La députation de la province de Murcie publia, de son propre mouvement, un document authentique, duquel il résultait qu'il n'y avait pas en France de général, du nom de *Louis Audinot*. Dans l'Alava, dans le royaume de Valence et ailleurs, on publia également diverses particularités, qui toutes faisaient apercevoir quelque fausseté dans les prétendues révélations de l'émissaire des serviles. Les uns s'étaient assurés qu'on ne connaissait à Bordeaux ni cet homme, ni la dame avec laquelle il se disait marié ; d'autres, qu'il n'existait point, et qu'il n'avait jamais existé à Saragosse, de maison de commerce du nom de celle qu'il avait désignée comme dépositaire de ses fonds ; et tous ces renseignemens réunis offraient au public la preuve la plus éclatante de l'imposture du dénonciateur.

La régence ordonna que le procès serait instruit à Madrid, et que le coupable y serait transféré. Il y arriva en effet peu de temps après la rentrée du roi. Conduit devant le juge, il y fut confronté avec Argüelles, qui l'eut bientôt confondu et réduit en silence. Voyant à qui il avait affaire, cet homme, soit

le pays et y causer de si grands ravages, commençait déjà à se déclarer. Un traité de paix avait été conclu à Valençay, le 13 novembre 1813, entre Ferdinand et Napoléon. Le roi, par cet acte, s'en-

effroi, soit remords, annonça bientôt après, qu'il avait une déclaration à faire, mais qu'avant de faire cette déclaration, il demandait qu'on lui accordât la vie. Ayant obtenu cette grâce, il déclara qu'il ne s'appelait point Audinot, et qu'il n'était point général, mais qu'il était l'un des domestiques de la duchesse d'Ossuna, et qu'on lui avait assuré un salaire de quatre-vingts réaux par jour, à condition qu'il irait prendre les instructions d'un chanoine ou dignitaire de la cathédrale de Grenade, et qu'il ferait exactement ce que ce chanoine lui commanderait.

Ce misérable continua à rester enfermé. Etant tombé malade, et les médecins l'ayant condamné, il se confessa à l'ecclésiastique, desservant de la prison, et lui remit un écrit cacheté, en lui disant qu'après sa mort, il en publierait ou en tairait le contenu, à sa volonté. Il lui avoua, dans l'une des conférences qu'ils eurent ensemble, que son vrai nom était *Jean Barteau*, qu'il était français d'origine, qu'il avait été à la Trape, soit en France, soit en Espagne, et que dans ce dernier pays, il avait servi en qualité de soldat, dans un régiment de suisses. Ayant recouvré la santé; et s'étant vu forcé de reprendre ses fers, il se lassa de vivre et mit fin à son existence par un suicide. On dit qu'il avait été précédemment envoyé, par suite d'une condamnation criminelle, aux bagnes de Pegnon-de-Velès-de-la-Gomera, où il se qualifiait de comte de Comminge, et où il s'enivrait fréquemment. De là il était passé à Malaga, et s'étant dit évêque, celui de la ville avait eu pitié de lui et l'avait vêtu. De Malaga il s'était rendu à Cadix où il s'était fait passer pour archevêque de Cuba; mais un journal (*el Conciso*) ayant fait naître des soupçons sur son compte, il avait disparu et n'avait plus donné de ses nouvelles. C'était un homme de quarante-cinq à quarante-six ans, grand, maigre, et qui aimait passionnément la lecture.

gageait, entre autres choses, à faire sortir les Anglais de l'Espagne et à rétablir, dans leurs honneurs, emplois et biens, tous les partisans du frère de Bonaparte. Quiconque sait un peu ce qu'est une guerre nationale, avec quel acharnement on la fait, quelles fureurs s'y déploient, quels sacrifices elle impose, n'aura pas de peine à concevoir que dans une lutte semblable on soit universellement saisi d'une sorte d'horreur pour les habitans du pays qui ont prêté assistance à l'ennemi, ou simplement embrassé sa cause, et qu'on n'examine ni la droiture de leurs vues, ni la justesse ou la force des motifs qui les ont déterminés. Cela est tout à fait dans la nature des choses. Il est impossible que celui qui se joint à l'ennemi de ses concitoyens, n'encoure pas leur indignation, surtout, si cet ennemi en est justement abhorré. Or, cette aversion qu'on avait, on ne peut le dissimuler, pour les partisans de l'intrus, la haine que nous portions à Bonaparte, le souvenir de sa trahison, la plus effrontée dont offrît l'exemple l'histoire d'aucun peuple civilisé, ce que nous devions aux alliés qui nous avaient secouru, pendant la lutte, les brillans succès que nous obtenions, ceux que remportaient les armées alliées : tout concourut à faire mal accueillir le traité de Valençay, et plus mal encore le ministre porteur de cet acte, le duc de San-Carlos, l'un des plénipotentiaires qui avaient dirigé et signé la négociation. Quelle surprise dut éprouver M. l'ambassadeur à son arrivée dans la capitale? tout y était changé; au lieu de la junte suprême qu'il avait laissée, au lieu d'un gouvernement absolu, dirigé par les conseils ou les caprices d'un favori, au milieu d'une nation muette; il trouvait une régence dont les pouvoirs étaient bornés, des Cortès qui représentaient l'Espagne, et ces deux autorités soumises également à l'influence toute puissante de l'opinion publique, manifestée et soutenue par la liberté de la presse. Il résulta de ces changemens que sa mission fut peu heureuse. Les Cortès, conformément à l'avis de la régence, refusèrent de ratifier le traité, et force fut au vieux courtisan de reprendre le chemin de Valençay, avec des lettres de la régence pour le roi, mais sans ratification; assez peu flatté de l'accueil qu'il avait reçu, et nullement content, il en faisait l'aveu, de tout ce qu'il avait vu et surtout de la critique que certains journaux s'étaient permis de faire de sa mission diplomatique.

Les Cortès et la régence étaient fondés à redouter les trames de Bonaparte. Ils sentaient combien il devait éprouver d'irritation de la constance et de l'énergie avec lesquelles on lui avait résisté; la liberté du peuple espagnol devait le faire trembler sur son trône; il n'était pas possible qu'il la vit s'établir d'un œil indifférent; tout portait à croire, au contraire, qu'il ne négligerait rien pour la détruire et avec elle les hommes qui se montraient capables de la soutenir, hommes qu'à l'exemple de nos serviles, il traitait déjà de factieux et de jacobins. Le roi était en son pouvoir, et pour comble de malheur, sa majesté n'était entourée que d'hommes ineptes. Que ne devait-on pas craindre en de telles circonstances, d'une part de Napoléon, et de l'autre des conseillers du roi? C'est par la défiance qu'ils en avaient, que les Cortès prenant en considération le décret des Cortès extraordinaires, du 11 janvier 1811, se déterminèrent à en reproduire les dispositions, en se conformant à ce qu'avaient proposé la régence et le conseil d'état, et rendirent leur fameux décret de 2 février 1814, portant « que si Napoléon permettait au roi de revenir en Espagne, la famille royale rentrerait seule avec sa suite espagnole; qu'aussitôt qu'on serait informé de l'arrivée de sa majesté, le cardinal, président de la régence, irait la recevoir, et que le roi se rendrait en droite ligne à Madrid, sans pouvoir faire aucun acte de l'autorité royale, jusqu'à ce que se trouvant libre au sein des Cortès, il aurait prêté serment à la constitution; qu'à cet effet, il lui en serait remis un exemplaire; que dès son arrivée à la frontière, on lui en lirait les dispositions, et que le cardinal lui ferait ensuite le récit des principaux événemens arrivés en Espagne pendant les six années de son absence. »

Les Cortès, en détruisant par ce décret le traité de Valençay, donnèrent une preuve aux alliés de la ferme résolution où ils étaient de ne rien conclure que de concert avec eux. Voilà ce que commandaient à l'Espagne la justice, son intérêt, sa bonne foi, et non de servir les desseins de l'homme qui l'avait si indignement traitée, en faisant avec lui séparément, un traité de paix qu'elle conclurait avec plus de sûreté, d'honneur et d'avantage, dans un congrès général de toutes les puissances. Ce brusque traité, surpris à la bonne foi de sa majesté catholique, et que ses conseillers diplomatiques lui présentaient *comme le plus glorieux qu'elle eût pu obtenir même après une longue suite de victoires*, n'avait en réalité pour but, que de nous séparer de nos alliés pour nous unir avec Bonaparte, qui avait, en outre, l'espoir de nous amener à tourner nos armes contre ses ennemis, si, après la rentrée du roi, qu'il trompait indignement en s'efforçant de le prévenir contre ceux qui avaient le mieux défendu son honneur, sa gloire, son trône; si dis-je, après la rentrée du roi, il pouvait encore réduire l'Espagne à l'état de nullité où il l'avait trouvée au moment de l'invasion, et dont il l'avait si imprudemment et si involontairement tirée.

Observons, en passant, que le même décret, adopté à la presque unanimité des suffrages, offrait une preuve nouvelle du parfait accord qui régnait entre tous les Espagnols, lorsqu'il était question de s'opposer à Bonaparte et de se mettre en garde contre ses machinations.

Napoléon, voyant la tournure que prenaient ses affaires, et n'ayant plus aucun intérêt à garder Ferdinand prisonnier, se détermina tout à coup à le renvoyer en Espagne. Il ne doutait pas que ses insinuations et celles de son ministre Laforest, ne fissent sur l'esprit du roi toute l'impression désirable; et il était bien sûr d'un autre côté que les conseillers de sa majesté, tous gens qu'il connaissait à merveille, ne s'aviseraient pas de la désabuser et de lui faire prendre une direction plus sage (1).

(1) L'un de ces conseillers et celui qui était le plus avant dans la confiance et l'intimité du roi, le chanoine don Juan-Escoiquiz, dans l'ouvrage qu'il publia à Madrid, après son retour, sous le titre de *Idea Sencilla*, nous a révélé, avec une admirable candeur, une foule de particularités qui ne laissent

Le roi fut reçu à la frontière de Catalogne par don Francisco Copons, général en chef de l'armée de cette province, qui instruisit sa majesté de tout, con-

pas à ce sujet le moindre doute. C'est par lui que nous connaissons le précieux contenu de la lettre que Napoléon écrivit à Ferdinand le 12 septembre 1813, et dans laquelle il lui disait « que l'Angleterre fomentait en Espagne l'anarchie et le jacobinisme, et s'efforçait de détruire la noblesse et la monarchie pour y établir une république », ajoutant qu'il lui était impossible de ne pas déplorer la perte d'une nation aussi voisine; qu'il désirait y détruire la pernicieuse influence des Anglais, rétablir les liens d'amitié qui existaient entre elle et la France, et qu'il envoyait pour cela le comte Laforest. C'est également par ce bon chanoine, que nous savons que M. le comte répéta verbalement au roi, tout ce que Bonaparte lui avait écrit, lui disant que les Anglais avaient tout ruiné dans son royaume, en y introduisant l'anarchie et le jacobinisme;... qu'ils ne voulaient autre chose que substituer la république à la monarchie; que ce n'était que pour abuser le peuple, qu'on plaçait le nom du roi en tête de tous les actes publics, etc. Tout cela fit une telle impression sur S. M. C., que lorsqu'elle envoya San Carlos pour faire ratifier le traité de Valençay, *elle le chargea* (c'est le chanoine qui parle) *d'examiner l'esprit des Cortès et de la régence, qu'il supposait être un esprit d'infidélité et de jacobinisme.* Or, si tels étaient les soupçons du roi avant qu'il envoyât San Carlos, on sent combien ces soupçons durent s'affermir après le retour de ce ministre. Qu'on juge par le ressentiment que celui-ci devait éprouver de l'accueil qu'il avait reçu et du mauvais succès de sa mission, par la manière dont il avait dû être entouré à Madrid, et par les impressions qu'il devait en avoir apportées, des informations qu'il dut donner au roi, du soin qu'il dut mettre à fortifier ses préventions, enfin, des dispositions dans lesquelles S. M. C. et toute sa suite durent être à leur arrivée en Catalogne, surtout lorsque San Carlos et Escoiquiz jouaient les principaux rôles auprès de Ferdinand.

formément aux ordres de la régence. Sa majesté parut adhérer à la constitution et aux décrets des Cortès, et même en être satisfaite tant qu'elle séjourna dans cette province, et elle n'y fit aucun acte de son autorité. Cependaut, au lieu de se rendre directement à Valence, elle prit la route de Saragosse, ce qui était déjà une contravention au décret des Cortès; mais, comme on pouvait lui supposer le désir de visiter les ruines glorieuses de cette cité, on ne conçut aucune inquiétude. Enfin, le roi arriva à Valence, où le cardinal président le reçut. Il ne tarda pas, dans cette ville, à faire soupçonner qu'on l'avait prévenu contre le régime établi. On vit subitement accourir à Valence toutes les espèces de serviles dont nous avons précédemment fait l'énumération, tous les mécontens, tous ceux qui, par des écrits séditieux ou par leurs malversations dans les places importantes qu'on leur avait confiées, avaient encouru la haine et le mépris public; enfin une multitude d'hommes déjà en exécration au peuple, hommes que tout le monde connaît et que nous nous abstiendrons de désigner. Ces gens-ci en appelèrent d'autres, et tous ensemble ayant en quelque sorte envahi la personne du roi, ils le trompèrent, l'effrayèrent plus que jamais, lui persuadèrent que l'ordre nouveau faisait violence à la nation, et ayant ainsi élevé un mur de séparation entre le souverain et son peuple, ils réalisèrent tout-à-fait le plan que Bonaparte avait conçu.

Mais une chose qu'on ne pourrait croire si on ne l'avait vue, c'est que des députés nommés en vertu de la constitution et conformément à ses règles, des députés ayant reçu la mission de l'observer et de la maintenir, des députés ayant fait, en présence des Cortès et du public, le serment solennel de la respecter et d'empêcher qu'on n'y portât atteinte, perdant tout souvenir de la nature et de la teneur de leurs pouvoirs, du mandat qu'ils avaient reçu et des sermens qu'ils avaient faits, osèrent bien représenter au roi qu'il ne devait pas jurer la constitution, et lui dire que son devoir, bien loin de là, était de dissoudre l'assemblée nationale. Cette représentation, monument éternel de l'infamie de ses auteurs, fut clandestinement remise à S. M. par l'un d'entre eux, qui s'était rendu pour cet effet à Valence, tandis que ses complices siégeaient encore au sein des Cortès et prenaient place au milieu des députés constitutionnels. (1)

(1) C'est là la fameuse représentation qui est si connue en Espagne, sous le nom de *représentation des Perses*, à cause du mot Perses ou d'une allusion aux Perses, par lesquels commence l'introduction ou l'exorde, morceau d'un ridicule achevé. Cette pièce parut à Madrid après la dissolution des Cortès, avec la signature de soixante-neuf députés (nombre égal au tiers de tous les membres); mais il est plus que probable, que la plupart de ces soixante-neuf députés n'avaient consenti à signer qu'après la rentrée du roi et lorsque tout avait été détruit, que les serviles triomphaient, et que la régence et un grand nombre de députés étaient dans les fers. Il est très-permis de croire que la crainte a influé sur leur démarche; on pourrait même soupçonner que la corruption n'y a pas été étrangère. On assure qu'avant de rien accorder aux députés qui sollicitaient des évêchés, des magistratures ou des emplois, on exigeait d'eux qu'ils signassent l'adresse.

Dans cet état de choses, le général Elio, autre parjure non moins prévaricateur que ces faux représentans, mit à la disposition du roi le corps d'armée qu'il commandait dans la province. Les conseillers de Ferdinand crurent le moment favorable à l'exécution de leur complot, et ce fut alors qu'ils firent signer au roi le fatal décret du 4 mai, décret dans lequel offrant à la nation ce qu'elle possédait déjà, il commençait par le détruire, en remettant à un temps indéfini l'exécution de la promesse qu'il faisait de l'établir. La représentation fut dissoute; on menaça de mort quiconque oserait la défendre ou seulement en parler; la constitution, jurée par le peuple, par les autorités, par les prêtres, par l'armée, la constitution fut déclarée nulle; enfin, le jour même, la liberté de la presse fut abolie. Tout cela se faisait au sein des ténèbres; ce fut en secret qu'on donna l'ordre de dissoudre les Cortès, l'ordre de saisir leurs registres, l'ordre d'arrêter les membres de la régence, le ministre de grâce et de justice, le ministre de l'intérieur et tous les membres soit des premiers, soit des seconds Cortès qui s'étaient le plus distingués par leurs lumières, leur intégrité et leur patriotisme.

Cependant on commençait à s'inquiéter très-vivement du séjour du roi à Valence; les révolutionnaires ne dissimulaient plus leurs desseins; une feuille servile, intitulée : *Lucindo* ou *Fernandino*, sous les auspices de la faction qui cernait le roi, vomissait toute sorte d'injures, de calomnies et d'imprécations contre les Cortès, la régence et les libéraux (1); des troupes de la division d'Elio s'avançaient vers la capitale dans un appareil menaçant; on recevait à chaque instant de plus mauvaises nouvelles des dispositions du roi; l'incertitude, le trouble, l'anxiété s'étaient emparés de toutes les ames.

La régence et les Cortès, au milieu de ce mouvement, gardèrent une attitude impassible. Ils s'abstinrent avec soin de traiter publiquement de ce qui se tramait : ils craignaient que le peuple de la capitale, déjà fort agité par les nouvelles de Valence et l'approche des troupes d'Elio, ne se portât à quelque entreprise violente; ils voulaient de plus éviter de porter l'alarme dans les provinces, qui ne savaient à quoi attribuer le séjour du roi à Valence et qui commençaient à s'en inquiéter; ils pensaient encore que la modération et la confiance étaient le meilleur gage qu'ils pussent donner à Ferdinand de la droiture de leurs intentions; enfin, satisfaits du témoignage de leur conscience, ils ne voulaient pas, par des mesures de précaution, montrer une méfiance injurieuse au prince dont ils avaient si ardemment défendu le trône. Les Cortès se contentèrent donc d'adresser au roi deux lettres dans lesquelles ils lui exposaient respectueusement l'état d'incertitude et d'agitation où son retard tenait les esprits, et le suppliaient de les tranquilliser en accélérant son voyage et en pressant le moment où il pourrait entrer dans l'exercice de

(1) L'auteur de cette feuille venait de fuir de Madrid, où il se tenait caché, pour échapper au châtiment dont il était menacé à cause de ses excès.

son autorité. Le roi se borna à répondre verbalement qu'il ferait bientôt ce qu'on lui demandait, et il n'entra d'ailleurs dans aucune explication avec le président de la régence.

Tout étant prêt pour l'exécution du complot, le roi quitta Valence et se dirigea sur Madrid, tandis que de leur côté les Cortès lui envoyaient une députation qu'il refusa de recevoir. A moitié route, il exila le cardinal régent et le secrétaire d'état de l'intérieur, qui l'avaient accompagné. Dans le moment même, Madrid était cerné par des troupes, et le général Eguia ayant pénétré dans la capitale avec quatre commissaires, dans la nuit du 10 au 11 mai, exécuta à l'improviste l'arrestation des régens, des deux secrétaires des dépêches, et de tous les députés de la première et de la seconde assemblée, que la haine et la vengeance avaient dévoués à la proscription; on saisit indistinctement tous leurs papiers, et des hommes, qui, le matin même de ce jour, exerçaient les fonctions augustes de représentans de la nation Espagnole, se virent jetés tout-à-coup dans les cachots, et mis au secret le plus rigoureux.

Ainsi finit un gouvernement dont l'énergie avait conservé à l'Espagne son indépendance, et à Ferdinand sa couronne; dont la sagesse avait reconnu toutes les libertés du pays et leur avait donné pour garant les institutions les plus vigoureuses; gouvernement avoué par la nation, reconnu par les premières puissances de l'Europe, en relation ouverte avec ces puissances; gouvernement que l'opinion soutenait et non les rigueurs; gouvernement qui, ayant à sa disposition tous les moyens de résistance, toutes les lumières, toute la vertu et le patriotisme des gens de bien et des vrais Espagnols, au lieu d'user de ces moyens pour sa défense et d'appeler le peuple à son secours, ne donna pas un ordre, ne prit pas une mesure pour s'opposer à Ferdinand, et se reposant sur la justice de sa cause, sur la reconnaissance et la probité du roi, ferma les yeux et se mit dans ses mains. Certes, si la postérité fait à ce gouvernement le reproche de n'avoir pas sauvé l'Espagne, elle ne lui reprochera pas du moins d'avoir manqué de confiance dans son chef, et elle ne le flétrira pas, comme l'ont fait ses ennemis, du nom de factieux et de jacobin.

Nous ne parlerons point de l'atrocité des traitemens qu'on fit endurer aux membres de l'une et l'autre assemblée des Cortès, et à tous les hommes qui, pendant la guerre, avaient le mieux servi l'Espagne. Leurs ennemis assouvirent à loisir sur eux leur soif de vengeance, et s'ils vivent encore, ils n'en sont redevables qu'à l'opinion publique qui les couvrit de son égide, et à la haute réputation de vertu qu'ils avaient dans toute l'Espagne et qui fut plus puissante que la rage de leurs persécuteurs. L'état actuel de notre patrie nous commande de jeter un voile sur les violences inouies qu'ils ont souffertes; la générosité qu'ils ont montrée jusqu'ici est d'ailleurs un exemple trop glorieux pour que nous ne tenions pas à honneur de l'imiter; nous considérons cette modération comme une règle que la patrie nous prescrit de suivre, et nous ne rouvrirons pas, par la relation détaillée de tant d'attentats, des plaies qui sont encore saignantes. Nous nous bornerons à dire, en témoignage de l'innocence des victimes, et comme une preuve remarquable du fonds de probité et de la rectitude de sens qu'il y a dans notre nation, que de trois commissions qui furent choisies exprès pour les condamner, et que l'on composa de leurs ennemis et même de leurs délateurs, aucune n'osa prononcer leur condamnation; la dernière qui, sans vouloir les condamner, n'osait pourtant pas les absoudre, de peur de déplaire, prit le parti d'engager le gouvernement à les punir arbitrairement; et c'est en effet ce qu'il fit, sans prendre la peine d'articuler les motifs de ses rigueurs.

Ici finit notre tâche. Nous avons dit ce qu'avaient fait les Cortès au milieu d'une horrible guerre. L'Europe sait ce qu'a fait, au sein de la paix, la faction qui leur a succédé et qui depuis six ans tenait l'Espagne asservie. Comme l'objet de cette faction était beaucoup moins de rétablir Ferdinand dans ses anciens droits que de faire renaître et de perpétuer, à l'ombre de son pouvoir, les anciens abus qui la faisaient vivre, elle ne s'est pas contentée d'abolir la constitution; la proscription s'est étendue à tous les décrets des Cortès qui avaient supprimé quelque désordre. Dès lors la porte s'est trouvée rouverte aux fléaux de toute espèce qui avaient désolé l'ancienne monarchie; et comme ces fléaux tombaient sur un corps qui venait de s'épuiser de fatigue dans une lutte longue et violente, l'effet en a été plus désastreux qu'il ne l'eût été à aucune autre époque. L'Espagne est devenue, même pour les partisans du pouvoir arbitraire, un objet de mépris et de pitié. On se demandait si ce pouvait être là cette nation Espagnole qui, récemment encore, avait fait de si grandes choses. Sans armée, sans marine, à la veille de perdre ses possessions d'outre-mer, sans argent, sans crédit, sans industrie, sans commerce, accablée d'entraves, abîmée de priviléges, en proie aux jésuites et à l'inquisition, elle marchait à pas précipités vers sa ruine (1). C'est le vœu public et non les efforts ou les baïonnettes d'un parti qui l'ont arrêtée dans cette carrière de désastres. Six ans de désordre, de misère et d'opprobre lui ont appris que le despotisme est incapable de se borner lui-même. Prenant pitié d'un roi qu'égarait l'ineptie et la perversité d'une faction destructive, elle l'a arraché des mains auxquelles il s'était imprudemment livré, et l'a sauvé, en le rétablissant sur le trône constitutionnel. Puisse cet exemple n'être pas perdu! Puisse-t-il apprendre aux factieux de tout pays que leurs triomphes, pour si brillans qu'ils paraissent, sont de courte durée; que la raison comme la nature ne perdent jamais leurs droits (2), et que lorsqu'une grande nation connaît le bien et le veut, il n'y a pas de force qui résiste.

(1) Il est pourtant des gens qui appellent cela une restauration!

(2) .... *Expellas furcâ, tamen usquè naturam recurret.*
Hor.

IMPRIMERIE DE MADAME JEUNEHOMME-CRÉMIÈRE,
RUE HAUTEFEUILLE, N° 20.

www.ingramcontent.com/pod-product-compliance
Lightning Source LLC
LaVergne TN
LVHW020326100426
835512LV00042B/1751